편안함을 불편해하고
익숙함을 두려워하다
성공이란 나무는
실패라는 땅에서 자란다

해적의 시대를 건너는 법

해적의 시대를 건너는 법

부경인하의 조직문화 담론

인테인

일러두기

─ 본문에 언급되는 'TBWA'는 TBWA KOREA를 의미합니다.

이야기를 시작하며

광고 회사 TBWA KOREA가
조직 문화를 이야기하는 이유

박웅현입니다. 광고 업계에서 30년 넘게 광고를 만들어왔
습니다만, 광고는 이제 회사 후배들이 훌륭하게 잘 만들고
있고 저는 2015년부터 기업의 브랜딩 컨설팅을 주로 해왔
습니다. 광고가 B2B2C Business to Business to Consumer가 기본인
업이라면, 기업의 브랜딩 컨설팅은 B2B Business to Business로
끝나는 일입니다. 맥킨지앤드컴퍼니Mckinsey & Company가 경
영 컨설팅을 하고 아이데오IDEO가 디자인 컨설팅을 하는
것처럼 기업이나 브랜드의 아이덴티티를 무엇으로 잡아야

할지, 커뮤니케이션 전략은 어떻게 해야 할지 상담하고 도움을 주는 일입니다. 광고를 만들던 사람이, 광고 회사가 무슨 기업의 브랜딩 컨설팅이냐 하는 시선이 간혹 있기도 합니다. 하지만 광고든 브랜딩 컨설팅이든 기업의 문제를 해결해준다는 점은 본질적으로 같습니다.

기업 브랜딩 컨설팅을 위해서는 광고를 만들 때와 마찬가지로 상품, 즉 해당 기업을 분석해야 합니다. 분석하는 대상은 3C라고 하기도 하고 4C라고 하기도 하는데요. 3C는 기업Company, 경쟁자Competitor, 소비자Consumer를 의미하고 4C는 여기에 카테고리Category, 즉 업계가 포함됩니다. 이 작업을 하는 이유는 그래야만 해당 기업의 비전이나 아이덴티티를 제대로 설정할 수 있기 때문입니다. 그러다 보니 고객인 기업에 관해서 공부할 수밖에 없습니다. 기업의 임원진에서부터 평직원까지 구성원을 대상으로 하는 인터뷰도 깊이 있게 합니다. 꽤 오랜 시간 임원진을 만나고 연구소장, 신입 사원, 중간관리자급 직원도 만납니다. 이 회사에서 일하는 사람들이 느끼는 회사의 강점, 약점, 장단점은 무엇인지, 경쟁 우위는 무엇인지에 대해 들어보고 회사가 어떤 방향으로 나아가기를 바라는지 들어봅니다.

그런데 그러다 보면 결국 조직 문화에 관한 이야기가 나오게 됩니다. "우리 회사는 다른 회사에 비해 이런 점은 진짜 좋은데 이런 문제가 있어요" "우리 회사는 시키는 대로 해야 해요" "신입 사원들(혹은 선배들)과 소통이 어려워요" 같은 이야기이죠. 이것은 제가 이 일을 시작한 이후 어느 기업과 일을 하든 공통적으로 발견한 부분이었습니다. 조직 문화에 대한 문제의식은 저 역시 한 회사의 구성원으로서, 여러 직책을 거쳐온 사람으로서 공감하는 부분이기도 했습니다.

시간이 좀 지나긴 했습니다만, 2016년에 대한상공회의소가 맥킨지에 의뢰해서 받은 보고서에 관한 기사를 본 적 있습니다. 당시 대한상공회의소가 의뢰했던 것은 대한민국 기업의 국제경쟁력 제고를 위한 방안을 연구해달라는 것이었습니다. 맥킨지에서는 9개월간 국내기업 100개 사, 4만여 명의 임직원을 대상으로 인터뷰를 한 뒤, 몇 달 동안 자료를 정리하고 분석해 보고서를 만들었는데요. 맥킨지의 보고서에 따르면 대한민국 기업은 '상습적 야근·비효율적 회의·상명하복식 지시 등 후진적 기업문화가 심각하다'라는 평가가 나왔습니다. 여기에 더해서 여성 인력을 잘 활용하고 있지 못하다는 점도 지적받았죠. 간단히 이야기해서 기업 경쟁력을 제고하기 위해서는,

보고를 위한 보고를 없애라

생산성 없는 회의는 하지 마라

필요 없는 야근 하지 마라

여성 인력 잘 써라

라는 이야기였습니다.

기업의 경쟁력을 갉아먹는 가장 큰 원인이 결국 조직 문화라는 이야기였죠. 그런데 2016년에 진행된 보고서의 지적이 지금이라고 해당하지 않을까요? 2015년부터 지금까지 여러 기업을 만나고 있지만 많이 달라진 것 같지 않아요. 그런데 잠깐 생각해보죠. 오래전부터 조직 문화라는 말을 해왔는데 조직 문화라는 게 대체 뭘까요?

'조직 문화'는 사전적 의미로 보자면 "조직마다 제각기 독특하게 가진 보편화된 생활양식으로 한 조직 내의 구성원들 대다수가 공통으로 가지고 있는 신념·가치관·인지·행위규범·행동양식 등"을 이릅니다. 하지만 저는 단순하게 조직 문화란 '구성원이 일하고 싶은 분위기'라고 생각합니다. 즉 구성원이 스트레스를 덜 받으면서 출근하고 자발적으로 일하고 싶어 하는 회사라면 바람직한 조직 문화를 가지고 있다고 봅니다. 이와 반대로 구성원 대부분이 아침에 출근할 때 '오늘 하루는 또 어떻게 버티나' '오늘 회의 때 팀장이 또 화내고 다그치겠지' 하는 생각으로 회사 로비에 들어선다면, 먹고살기 위한 이유 외에 출근의 이유를 찾기 어렵다면 그 회사는 좋은 조직 문화를 가지고 있지 않다고 생각합니다.

언젠가 어느 기업에서 큰 호텔을 빌려서 상무급 이상인 임원 300여 명을 대상으로 특강을 한 적이 있습니다. 처음 하는 주제의 강연이 아니었기 때문에 이전에 썼던 PPT 자료를 활용했어요. 나름 중요한 자리였고, 다른 곳에서 해당 자료로 진행했던 강연이 좋은 반응을 얻었었기 때문에 같은 자료를 사용했습니다. 하지만 이날 강연을 마칠 때쯤, 오늘은 완전히 실패했구나 싶었어요. 사람들로부터 아무 반응이 없었던 겁니다. 한 시간 반 동안 마치 벽을 상대로 이야기하는 기분이었습니다. 자리에 앉아 있는 사람들 대부분은 화가 많이 나 보였어요. 내가 욕을 하는 것도 아닌데 나에게 왜 그럴까, 하고 기가 죽을 만큼이요. 그런데 강연을 마친 후 뒷정리를 하는 제 뒤로 사람들이 줄을 서더니 저에게 "제 인생 최고의 강연이었습니다" "강연 정말 좋았습니다" 같은 인사를 하더라고요. 그때 아, 이 회사는 누군가의 이야기에 동의가 된다는 의사 표현도 자연스럽게 하기 어려울 만큼 분위기가 굳어 있구나, 싶었어요. 회사 밖에서도 이런 분위기라면 회사 안에서는 어떻겠습니까? 회의실 안에서는요?

기업의 브랜딩 컨설팅 일을 해오면서 보니 기업의 규모가 큰 곳은 큰 곳대로, 작은 곳은 작은 곳대로 조직 문화가 문제라는 이야기를 이구동성으로 하고 있었습니다. 조직 문화에 관한 이야기가 동시에 반복적으로 들려오기 시작하더라고요. 최근 들어서는 조직 안에서 세대 갈등까지 겪고 있고요. 그래서 조직 문화가 왜 지금 유난히 이슈인지 다시 헤아려보게 됐습니다. 어쩌면 이 시대가 기업을 경영

하는 모든 사람이, 기업 안의 구성원들이 조직 문화를 깊이 돌아봐야 하는 때라는 생각이 들었습니다.

다만 각 기업이 어떤 산업군에 있고 어떤 특성이 있느냐에 따라 각자 겪고 있는 문제가 다르다는 점을 생각해야 합니다. IT 스타트업 회사가 겪는 문제와 중공업 회사가 겪는 문제는 다를 거예요. 60명 규모의 회사와 3만 명의 대기업은 또 다른 문제를 겪겠죠. 유연성이 확보되어야 하는 곳이 있다면 시스템을 강화해야 하는 조직도 있습니다. 즉, 조직도 기계가 아닌 유기체와 같아서 그 기업의 조직 문화를 진단하려면 총체적으로 살펴봐야 합니다.

그런데 이것은 내부에서 진단하기가 어렵습니다. 가령 사장이 직원에게 "우리 회사가 지금 뭐가 문제인 것 같아요?"라고 물으면 직원이 과연 솔직하게 답할까요? 그뿐만 아니라 본 업무만으로도 바쁘고 스트레스가 심할 텐데 직원에게 회사의 조직 문화를 고민하고 해결하라고 하면 일이 제대로 진행되기 어렵죠. 외부의 시선과 개입이 필요합니다. 객관적이고 체계적으로 접근해 진단하고 도와줘야 하는 일입니다.

무엇보다 회사의 대표에서부터 임원진을 비롯해 구성원이 같은 방향을 바라봐야 하는 일이기도 합니다. 결국 회사가 조직 문화에 변화를 주려고 한다면, 가장 먼저 '조직의 구성원이 어떻게 한 방향을 바라보게 할 것인가' 이것을 고민해봐야 합니다. 바로 이 지점에서 이 일이 광고와 같은 맥락을 가지고 있다고 생각했습니다. 광고가 소비자의 마음을 움직이는 일이라면, 조직 문화를 변화시키는 일은 조직 구성원의 마음을 움직이는 일일 테니까요. 광고하는 사람들이 전문적으로 하는 일이죠. 이것이 광고 회사인 TBWA KOREA에 조직문화연구소를 만든 까닭입니다.

2022년에 조직문화연구소를 세운 이후 크고 작은 기업과 함께 다양한 프로젝트를 진행해왔고, 지금도 해나가고 있습니다. 그 과정에서 조직 문화가 지금 왜 유난히 문제인지, 왜 바뀌어야 하는지, 어떻게 바꿀 수 있을지 정리해보게 됐습니다. 지금 이 시대가 왜 조직 구성원을 중요하게 여겨야 하는지도 생각해볼 수 있었습니다. 조직 문화가 조직의 창의성과 무관하지 않다는 사실도 확인하게 됐고요. 무엇보다 좋은 조직 문화를 만들어가는 데는 사람을 대하는 태도가 중요하다는 점을 다시 생각하게 됐습니다. 이런 이야기를 종종 강연이나 방송, 몇몇 유튜브 채널에서 해왔습니다만, 많은 사람들이 크고 작은 조직에서 일하며 살고 있는 만큼 함께 생각을 나눠보면 좋을 것 같아 다시 한번 활자로 정리해 남겨봅니다.

― 2023년 가을, 박웅현

차 례

1장.

해적의 시대,
조직은 무엇을
주목해야 하는가

: 시대 문맥에 따라 변화해야
살아남는다

해군의 시대에서 해적의 시대로

잠시 광고 프로세스에 대해 말씀드려볼까 합니다. 가장 먼저 광고주의 오리엔테이션이 있습니다. 이 오리엔테이션은 광고주가 우리는 이런 기업 광고를 하고 싶다, 제품 광고를 하고 싶다, 바뀐 사명을 알리고 싶다 등, 그 기업이 해결하고자 하는 문제를 알리는 자리입니다. 그다음은 광고회사의 기획팀이 움직입니다. 기획팀은 비유하자면 레스토랑에서 홀 서빙을 하는 사람들입니다. 고객(기업)의 주문을 받아서 주방(제작팀)에 전달하죠. 그 사이에 고객의 의뢰를 해결하기 위해 어떻게 문제에 개입할지 기획 회의를 합니다. 이 회의는 1차에 끝나기도 하고 2차, 3차, 4차까지 가기도 합니다.

다음은 주방, 제작팀의 일입니다. 기획팀에서 회의한 결과물이 제작팀으로 넘어옵니다. 이때 제작팀에서도 광고주의 문제를 파악하고, 기획팀에서 가지고 온 안을 받아서 제작 회의에 들어갑니다. 이 회의도 n차에 이르는데, 어느 정도 회의 결과가 나오면 다시 기획팀과 협의합니다. 이 자리는 우리의 결론이 과연 고객의 문제를 잘 해결할 수 있는가에 대한 회의인데, 이때 난상토론이 벌어지죠.

이런 과정을 거쳐 결론이 도출되면, 최종안을 가지고 광고주에게 프레젠테이션을 합니다. 행복한 경우에는 Go, 진행 사인이 떨어지지만 그렇지 않은 경우가 더 많죠. 대부분은 "우리가 이야기한 게 반영 안 됐어요" "우리가 의도한 건 이게 아니었습니다. 다시 해주세요" 같은 피드백을 받는데, 그런 경우에는 다시 앞의 과정을 거칩니다.

무사히 광고주와 합의됐다면 제작에 들어갑니다. 실제

광고를 만드는 과정입니다. 출연자를 섭외하고 스태프를 구성합니다. 광고 모델을 결정하고 섭외하고, 촬영 장소도 야외에서 진행할지 세트에서 할지, 해외 촬영을 할지를 정하고 감독을 포함한 스태프를 꾸리죠. 이 과정이 프리 프로덕션입니다. 프로덕션(실제 촬영) 단계로 넘어가 실제 카메라가 돌아가기 시작하면 많은 돈이 들어가기 때문에 최대한 시행착오 없이 진행되도록 사전에 모든 걸 세팅하고 점검해야 합니다. 프리 프로덕션 단계가 잘 마무리되면 프로덕션에 들어가고, 그다음 포스트 프로덕션 단계로 넘어갑니다. 포스트 프로덕션은 촬영한 영상의 편집, 녹음, 색 보정 등의 작업을 말합니다.

이 모든 과정이 끝나면 광고물이 완성되는데, 광고주에게 보여주기 전에 광고 대행사인 저희가 먼저 확인합니다. 결과물에서 수정되어야 할 부분들을 체크해서 의견을 주고, 그 수정사항이 반영된 최종 결과물로 광고주 시사를 하죠. 이 시사는 1차로 끝날 수도 있고 2차까지 하고 끝날 수도 있습니다. 상식적으로 이 모든 과정은 '두 달' 정도 걸립니다. 한 달 정도 발상하고, 한 달 정도 촬영하고 편집합니다. 저는 광고인으로서 이 과정을 수없이 거치며 살아왔고, 지금까지 이런 과정으로 많은 광고를 만들어 왔습니다.

그런데 7, 8년 전 ○○ 치킨을 담당하고 있을 때였습니다. 경쟁 브랜드들 동향을 파악하고 있는데 어느 날 갑자기 유튜브에 올라온 치킨 광고 영상 하나 때문에 난리가 났어요. 낯선 치킨 브랜드였는데 소위 말하듯이 '빵' 뜬 겁니다. 조회 수가 엄청나게 올라가요. 어떻게 된 일인지 알아보니, 하루 전에 한 방송에서 연예인 둘이 나와서 말싸움을 했답니다. 그중 한 사람이 "얻다 대고 반말이야?"라며 화내는 장면이 고스란히 방송으로 나갔는데, 바로 다음 날 유튜브에 30초짜리 영상 하나가 올라온 겁니다.

영상의 내용은 이렇습니다. 바닷가에 한 사람이 앉아

있어요. 화면 밖에 있는 사람이 날 선 목소리로 "너 어디서 반말이니(반 마리니)?"라고 묻자, 앉아 있는 사람이 답해요. "아니, 아니, 치킨은 한 마리지." 두 사람이 서로 반 마리냐, 한 마리냐 설전을 벌이는데 화면에는 해당 치킨 브랜드의 치킨 박스가 크게 잡혀요. 이게 이슈가 된 겁니다. 나중에 알아보니 감독 한 사람이 앞에서 언급한 그 방송을 보자마자 스태프 둘을 데리고 집에서 가까운 바닷가에 가서 영상을 찍고, 녹음실에 가서 녹음하고 올린 거래요. 그런데 이 영상이 제가 두 달 동안 만든 광고보다 효과가 더 좋은 겁니다. 기가 막히더라고요. 그즈음 공군홍보단에서 영화 〈레미제라블〉 OST 한 곡을 개사한 다음, 이 노래에 맞춰 연병장 활주로에 쌓인 눈을 치우는 장면을 찍어 유튜브에 올렸어요. 두 영상 모두 화질이나 음향의 퀄리티가 상업 광고에 비해 좋을 수 없어요. 그런데 이 영상도 제가 두 달 동안 만든 광고 영상보다 조회 수가 몇십 배 많은 겁니다. 진짜 큰일 났구나 싶었습니다. 제가 살아오던 세계가 완전히 붕괴하고 있었어요.

제가 광고를 만들어왔던 세계는 시스템의 세계였습니다. 해군의 세계였어요. 예를 들어 해군이 전쟁에 나간다고 칩시다. "자, 항공모함이 맨 앞에 서야 해. 그 앞에 구축함 내보내고 그 앞에는 순양함이 나가야 해. 밑에 잠수함은 따라오고. 준비 다 됐어? 그럼 이제 가자!" 이게 해군입니다. 제가 만드는 광고는 이쪽입니다. 하지만 "치킨은 한 마리야"는 "전쟁이라고? 가자!"였어요. 제가 있는 세계에서 이 속도와 접근 방식은 쫓아갈 수 없습니다. 제가 탄 배가 난파하고 있는 겁니다. 제가 계속 기존의 시스템으로 싸워나가면 저는 백전백패할 것이 눈에 보였습니다.

이 일 이후에 저희 회사 사무실 벽에 해적을 상징하는 해골 그림을 붙였습니다. 이렇게는 안 되겠다 싶어서 해적으로 살자, 했습니다. 해적은 시스템이 없잖아요. 저 사람

을 잡아야 한다면 그냥 잡으러 갑니다. 지금까지 일해온 방식으로 보면 말이 안 되는데 이제는 말이 돼요. 그러니 기존에 해오던 해군의 방식대로 하면 해적들에게 무참히 질 게 눈에 보여요. 그래서 후배들에게 "해군의 시스템을 버리고 해적의 정신으로 광고를 만들어나가지 않으면 앞으로 우리는 살 수 없다"라고 이야기했습니다.

저는 지금 새로운 시대정신에 대해 말씀을 드리고 있습니다. 시대정신이 바뀌고 있습니다. 이게 무서운 겁니다.

산업혁명, 시스템의 시대

시대정신이 크게 바뀌는 걸 우리는 '혁명'이라고 부릅니다. 돌아보면 인류는 몇 번의 혁명적인 사건을 거쳤습니다. 가장 먼저 겪은 사건은 대략 170만 년 전, '불'이 발견된 일입니다. 불이 발견되면서 인류는 음식 재료를 익혀 먹기 시작했고 동물을 쫓기 시작했습니다. 진화의 방향을 두뇌를 키우는 쪽으로 잡은 사피엔스에게 질긴 고기를 익혀 먹을 수 있게 된 것은 큰 사건이었습니다. 두뇌를 키우려고 하니 턱을 줄여도 되고, 턱을 줄이면서 뇌가 커졌어요. 기린이 높은 곳의 나뭇잎을 먹기 위해 목의 길이를 늘이는 쪽으로 진화한 것처럼 뇌를 키운 겁니다. 그렇게 인류는 뇌가 발달하면서 힘이 더 생깁니다.

그 이후 혁명이라는 단어는 더는 등장하지 않다가 7천년 전쯤에 획기적인 혁명이 일어납니다. 농업혁명(신석기혁명)입니다. 그전에는 그 누구도 식물에 너희는 어디에만 살아야 한다고 명령을 내리지 않았어요. 각종 식물은 씨앗이 퍼진 대로, 뿌리를 내린 대로 살고 퍼져나갔죠. 그런데 농업혁명이 일어나면서 사피엔스라는 종이 식물에 명령하기 시작합니다. 여기는 밀만 살아. 여기는 벼만 살아. 니는 밀이 아니고 벼가 아니니까 잡초야, 나와. 여기는 포도나무만 있어야 해. 다른 나무는 다 뽑아. 이런 식으로 질서를 잡은 거죠. 그러면서 사피엔스는 부흥하기 시작합니다. 이 혁명이 7천 년 전에 있었습니다. 그 이후 혁명이라는 단어는 다시 등장하지 않게 됩니다. 300년 전까지요.

이후 6700년 만에 다시 혁명이라는 단어가 나오죠. 우리 모두 알고 있는 산업혁명입니다. 1760~80년대에 제임스 와트가 증기기관을 발명하고 조지 스티븐슨이 증기기관차를 만들면서 산업혁명이 일어납니다. 사회경제적인 변화와 기술의 혁신, 이것이야말로 혁명적인 사건이었어요. 이 산업혁명으로 인류는 꿈을 꿉니다. 기계가 인간을 해방해줄 거라는 청사진을 그리기 시작하죠. 건물 전체가 유리로 만들어진 수정궁, 파리의 상징물이 된 에펠탑, 엘리베이터…. 새로운 공산품을 전시하는 만국박람회가 파리, 런던, 빈, 필라델피아 등을 거치며 경쟁적으로 열립니다.

그리고 2차 산업혁명이 일어납니다. 2차 산업혁명은 1780년대에서부터 불과 120여 년이 지난 1900년대 초반을 이야기합니다. 이 시기에 관련해 상징적으로 많이 아실 만한 것이 에디슨의 전기 발명이죠. 그리고 또 하나는 바로 이것, 시스템입니다. 누구는 포디즘Fordism이라고도 하고 누구는 테일러리즘Taylorism이라고도 하는데요. 포디즘은 헨리 포드가 컨베이어벨트를 만들어내면서 대량생산 대량소비 체제를 갖추게 된 걸 이르고, 테일러리즘은 미국의 경제학자 테일러가 만든 생산관리시스템을 말합니다. 이를 두고 2차 산업혁명이라고 부릅니다. 이로써 인간의 삶이 완전히 바뀌어버리죠.

고틀리프 다임러와 칼 벤츠가 독일에서 벤츠 차량을 만드는데, 예를 들어 벤츠에서 한 달 동안 열심히 만들면 자동차 60대를 만들 수 있어요. 그런데 어느 날 제럴드 포드라는 사람이 나는 3천 대를 만들 거야, 모델 T를 만들 거야,

라고 하면서 대량생산이 가능한 시스템을 선보입니다. 그리고 실제로 그렇게 만들어내기 시작하죠.

영화 〈모던 타임스〉 아시나요? 1936년에 제작된 영화로, 이 영화 속에서 찰리 채플린은 어느 공장에서 일하는데 온종일 나사못만 조입니다. 그게 그의 일이에요. "너는 나사만 조이면 된다. 나사만 조여라. 너는 덮개만 덮으면 되고 너는 이 선을 연결하기만 하면 된다" 바로 이거예요. 모든 일이 분업화되고 시스템으로 관리되는 겁니다. 진짜 '모던 타임스'의 시작입니다.

이것이 실현되면서 '팍스 아메리카나Pax Americana'가 시작됩니다. 저는 미국이 힘을 갖게 된 것은 규모의 경제학이라고 봅니다. '합중국United States'이 큰 거예요. 간단히 말씀드리면, 피렌체 공화국, 베네치아 공화국 등 도시국가의 개념은 중세 말에 이르면 영국, 프랑스, 스페인과 같은 '국가'라는 개념이 생기면서 차츰 사라져요. 도시국가 간의 싸움

1913년 포드 자동차 조립 라인. 이전까지의 자동차 제조 방식은 하나의 스테이션에서 한 대의 자동차 전체를 조립하는 것으로 여러 노동자가 한 팀을 이뤄서 한 대의 자동차에 공을 들이는 방식이었다. 하지만 헨리 포드가 가져온 조립 라인의 혁신은 필요한 노동자의 수를 줄이고 자동차를 조립하는 데 걸리는 시간을 줄였으며, 회사가 생산 속도를 더 통제할 수 있도록 만들었다.

— 「In 1913, Henry Ford Introduced the Assembly Line
: His Workers Hated It」, 『Smithsonia Magazine』, 2016.12.1

이 더는 의미가 없어져버립니다. 한편 미국은 이 국가들, 영국, 프랑스, 스페인을 한데 묶어 놓은 것과 다름없어요. 각 주가 독자적인 헌법과 의회를 가지고 있는 만큼 개별적인 50개의 국가가 모여 있는 것과 같죠. 심지어 '연방 정부'를 만들어버렸어요. 각 주는 독자적으로 움직이지만 연방 정부로부터 벗어날 수는 없습니다. 연방 정부는 각 주에 큰 권한을 행사할 수 있죠. 구심점이 없는 유럽연합EU과는 달라요. 미국의 연방 정부가 유럽 전체를 합친 것 같은 힘을 가질 수 있는 이유죠.

한편 미국이 힘을 가지게 된 또 한 가지 이유는 시스템입니다. '맥도날드'의 등장은 혁명적인 사건입니다. 영화 〈파운더〉를 보신 분도 있을 텐데요. 맥도날드가 등장하기 전에는 식당에 가면 식사를 하는 데 기본 두 시간은 예상해야 했습니다. 자리 잡고 앉으면 음료를 주문해야 하고 잠시 후 메뉴판을 보고 뭘 먹을지 정해야 합니다. 메인 요리와 디저트, 중간에 마실 음료까지 모두 정한 다음, 종업원이 오면 요리를 주문하고 기다리죠. 이때 음식이 나오지 않는다고 중간에 손을 들지 않아요. 기다려야 해요.

이런 과정에 익숙한 사람들이 맥도날드라는 식당에 갔더니 이곳은 테이블도 많지 않고 서빙하는 사람도 없어요. 계산대 앞에 메뉴판 같은 게 있는데 그걸 보고 주문하면 된다고 해서 시키는 대로 하니 음식이 바로 나와요. 그것도 자기에게 직접 주는데, 접시는 없고 음식은 포장되어 있어요. 어떻게 해야 하나 했더니 포장을 열어서 내용물을 먹고 종이는 그냥 버리면 된 대요. 패스트푸드의 등장입니다.

이 모든 것이 시스템으로 가능해진 겁니다. 이게 2차 산업혁명입니다. 그래서 누군가가 2차 산업혁명의 핵심적인 단어를 하나 뽑으라고 하면, 저는 시스템을 꼽습니다. 이전까지의 시대가 장인匠人의 시대였다면 2차 산업혁명과 함께 시스템의 시대로 완전히 넘어온 것이죠.

시스템의 시대 속 일본

이 시스템의 시대에 참 잘 맞는 나라가 있었습니다. 일본입니다. 동양권에서 가장 먼저 산업혁명의 물결을 따라갔죠. 정해진 룰rule을 잘 따라가는 국민성을 가진 사람들이 물을 만난 겁니다. 일본은 매뉴얼의 사회입니다. 지금도 지진 같은 자연재해가 발생했을 때 매뉴얼이 없으면 움직이지 않는다고도 하죠. 실제로 일본에 지진이 났을 때 사람들이 탈출하는 사진들을 보신 적 있을 겁니다. 그중 많은 사람이 주목했던 사진 하나를 기억합니다.

양방향 2차선 도로가 있습니다. 지금 이 지역에 지진이 났고 모두 다 여기에서 나가야 해요. 한국 사람들이라면 임의로 판단했을 거예요. 지금은 여기를 벗어나는 게 우선이고 어차피 들어오는 차량도 다시 방향을 돌려 나가야 하는 상황이니 양쪽 차선 모두 나가는 데 썼을 겁니다. 그런데 일본 사람들은 달라요. 들어오는 쪽 차선으로 오는 차량이 없어도 그 차선은 비워둡니다. 나가는 데는 나가는 쪽 차선만 이용하죠. 그 모습이 찍힌 사진이 주목받은 겁니다.

일본 음식이 맛있다고들 하는데 많은 요리 전문가가 말하기를, 그 맛의 핵심은 매뉴얼이라고 합니다. 정해진 분량을 정해진 대로 잘 지키고 잘 따라 하는 데 있다는 것이죠. 스시를 예로 들면, 한 손으로 밥을 쥐었을 때 그 밥은 몇 그램, 밥알 개수는 대략 얼마여야 하고, 그 위에 올라가는 고추냉이의 양은 얼마만큼이고, 회를 하나 얹을 때 회의 크기와 두께는 어느 정도이며, 손으로 누르는 힘은 어느 정도 세기여야 최상의 맛을 낼 수 있는지 다 정해져 있어요. 이걸 얼마나 잘 맞춰서 따라 하느냐에 따라 맛이 판가름 납니다. 도쿄에 가면 맥주를 잘 따르는 장인이 있다고 하는데 나이가 지긋하신 분으로, 이분은 생맥주만 따른다고 해요. 이 사람이 따르는 생맥주는 항상 일정한 분량의 거품이 있는데 그 상태의 맥주가 제일 맛있다는 거죠. 퇴근 시간이면 그분이 있는 가게에, 그분 앞으로 사람들이 줄을 선답니다. 이런 성향의 사람들이고 일본은 이런 문화를 가진 나라예요. 이 사람들이 시스템의 사회에서 날기 시작합니다.

1940년대 1차 진주만 공습은 실패하지만 70년대 일본은 다른 의미로 2차 공습에서 완전한 성공을 거둡니다. 도요타와 닛산, 소니와 파나소닉, 가와사키 같은 브랜드들이 미국을 점령해버리죠. 미국 사람들은 깜짝 놀라요. 이 가격에 이런 퀄리티의 상품이 나온다고? 이 가격에 이런 서비스가 가능하다고? 하며 놀라죠. 시스템이라는 것이 미국에서 발명됐지만 그 시스템을 잘 따라가고 최대의 결괏값을 낼 수 있는 힘은 일본에 있었던 겁니다.

한국의 선택

그리고 그 옆에 가난하고 가엾은 나라가 하나 있습니다. 1945년에 일본 식민 치하에서 독립했고, 50년대에 내전을 치렀고, 영국 《타임스》로부터 "이 땅에서 민주주의가 꽃피길 바라는 것은 쓰레기통에서 장미가 피기를 바라는 것이다"라는 모욕적인 얘기를 들은 나라, 대한민국입니다.

故 박정희 전 대통령의 꿈은 전 국토의 병영화였습니다. 저는 그 시절을 기억합니다. 제가 어렸을 때만 해도 통행 금지 시간이 있었고, 반공 교육이 있었고, 저녁 6시면 전국에서 애국가가 울려 퍼졌어요. 애국가가 울리면 내가 어디에 있든 누구이든 간에 걸음을 멈추고 가장 가까운 곳의 태극기를 향해서 '가슴에 손'을 얹어야 했습니다. 그리고 "나는 자랑스러운 태극기 앞에 조국과 민족의 영광을 위하여…"로 시작되는 〈국기에 대한 맹세〉를 외워야 했죠.

이게 매뉴얼이었습니다. 국가 전체를 효율적인 시스템으로 움직이려고 했던 겁니다.

요즘도 직장에서 쓰이는 사수, 부사수라는 말, 이게 무슨 의미인지 아시나요? 사수射手의 사는 '쏠 사射'입니다. 사수, 총 쏘는 사람과 부사수, 총 쏘는 사람을 도와주는 사람을 말해요. 하지만 회사에서 총 쏘는 사람이 어디 있겠어요. 그런데 아직도 회사 안에서 이 말이 쓰입니다. 우리나라는 남자가 병역의 의무를 지는데 군대에 다녀오지 않은 엄마들도 아이에게 말합니다. "방 치운다, 실시!" 그게 반쯤은 장난이라고 해도 이런 말, 이런 문화가 어디에서 왔겠습니까? 군대 문화가 남녀노소를 가리지 않고 우리 몸속에, 뼛속에 깔려 있어요.

그 시절 박정희와 포항제철을 설립한 박태준, 현대그룹의 창업주 정주영과 삼성그룹의 창업주 이병철은 우리가 살 방법이 그것뿐이라고 본 겁니다. 우리가 따라가기에 유럽은 물리적으로 너무 멀고 미국은 따라갈 수가 없고, 가장 가깝게 모방할 수 있는 나라가 일본이었어요. 일본이 어떻게 하는지 보고 따라 하자, 이것이 그 시대 한국의 목표였습니다. 시세이도와 가네보가 되고 싶었던 태평양화학(현 아모레퍼시픽)이 있었고, 소니가 되고 싶었던 삼성이 있었고, 도요타나 닛산이 되고 싶었던 현대자동차가 있었습니다. 신일본제철이 되고 싶었던 포항제철이 있었죠.

그 당시 유명했던 얘기가 있습니다. '故 이병철 회장은 생전에 연말은 무조건 일본에서 보내고 연초에 돌아온다. 사업 구상은 그때 다 끝났다. 일본이 우리보다 10년 앞서 간다'라는 이야기가 있었어요. 일본의 흐름을 따라잡으면 성공할 수 있다고들 했습니다. 오래전 어느 기업의 회장도 6개월마다 일본을 방문했는데, 제가 그 길에 동행한 적이 있습니다. 그런데 이분이 일본의 한 백화점 지하 매장에서 세 시간을 보내는 겁니다. 유제품 판매장에 서서, 이 패키

지가 앞으로 나왔네? 6개월 전에는 저 뒤에 있었는데. 이 포장은 우리도 빨리 만들어야겠다. 이 제품은 이렇게 소분 해서 파는구나, 이거 준비해야겠어. 이런 식으로 매장 안의 제품, 포장, 진열 방식 등 전부 살펴보면서 시장의 흐름을 읽는 겁니다. 그 일이 지금까지 아주 인상적으로 기억에 남 아 있습니다.

그 시절에는 이런 것이 우리 사회에 매뉴얼처럼 자리 잡고 있었습니다. 그래서 그 당시의 키워드는 이런 단어들 입니다.

조직력, 효율, 규모, 상명하달, 일사불란

전부 시스템의 시대에서 온 것들입니다. 포디즘에서 온 것이고 일본의 힘을 키워준 것들이에요. 한국은 이를 따라 가고 배우고자 했던 것이고요. 그러니 지금이 믿어지지 않

도요타는 1950년대 후반, 미국에 'TOYOTA MOTOR SALES'를 설립
하고 차량 수출을 시작했다(왼쪽. 사진: '75 Years of TOYOTA'). 오른쪽은
1970년대 울산 현대자동차 공장에서 포니를 생산하던 모습(사진: 국가기
록원). 현대자농차는 미쓰비시의, 삼성 자동차는 닛산의 기술력을 바탕
으로 독자적인 자동차 생산을 시작했다.

습니다. 그 시절에는 소니를 능가하는 삼성을 상상해본 적 없습니다. 도요타를 능가하는 현대자동차? 꿈꿔보지 않았어요. 아모레퍼시픽이 시세이도를 넘어설 거라고 생각해보지 않았죠. 하지만 지금 시세이도를 기억하는 사람이 얼마나 될까요? 정말 이렇게 될지 몰랐어요. 그 짧은 기간 동안 대한민국은 이 기적을 만든 겁니다.

　아마도 저와 동시대를 살아온 분들은 이 이야기에 공감하실 겁니다. 그땐 그랬지, 추억하실 수도 있어요. 하지만 이 이야기가 낯설게 들리는 분들도 있을 거예요. 동시에 '아, 그래서 우리 부장님'이라고 생각하는 분도 있을 겁니다. 어쨌든 이렇게 이야기가 잘 흘러가서 "그 이후로 행복하게 잘 살았답니다"가 되면 좋을 것 같은데 이 사회라는 시스템은 유기체라서 변화가 생기기 시작합니다.

미친 시대로의 진입

지금 우리는 미친 시대를 살고 있습니다. 우리가 태풍 한 가운데에 있어서 못 느낄 뿐입니다. 만약 시간이 더 흐른 뒤에 지금을 돌아보면 미친 시대였다고 말할 거예요. 제가 여러 책에서 이야기하기도 했지만 1350년에 살던 사람이 1850년으로 시간 이동을 하더라도 적응하는 것이 힘들지는 않을 겁니다. 고려에서 조선으로 바뀌었지만 왕을 모시고 산다는 것이나 신분이 나뉘는 사회에서 산다는 건 비슷하죠. 삶의 형식이나 필요한 행동양식이 크게 바뀐 건 없을 거예요. 한 인간이 움직이는 거리는 비슷해요. 물리적으로 움직일 수 있는 공간이 정해져 있습니다. 전기라는 것도 없었고요. 하지만 1850년에 살던 사람이 1950년에 태어나면 다를 거예요. 쇳덩어리가 말보다 빠르게 달리다니! 하면서 놀라겠죠. 전기라는 게 생겨서 촛불보다 더 밝은 조명을 쓸 수 있어요. 이런 변화에 아마 정신을 못 차릴 거예요. 그럼 1950년에 살던 사람이 2천 년으로 건너오면 어떨까요?

저는 제 어머니를 보면서 격세지감을 느낍니다. 어머니는 현재 아흔이 넘으셨는데 젊었을 때 공부도 많이 하신 분입니다. 그 시절에 전문대학에 다니셨고 북한에 있는 최승희 무용학원에서 무용도 배우셨고 일본어도 배우신 분이에요. 하지만 지금은 생활하시는 데 어려움이 많아요. 일단 혼자서 택시를 못 타세요. 건강이나 체력 때문이 아니라 스마트폰 때문입니다. 카카오택시, 많은 분들이 사용하고 있죠. 우리는 무척 편하지만 노인들은 한숨 쉽니다. 옛날에는 손을 흔들면 택시가 섰는데 이제는 그렇게 해서는 택시를 잡을 수 없어요. 노인분들이 음식점에 들어갔다가 키오스크를 사용하지 못해서 돌아 나왔다는 이야기 들어보셨을 거예요. 카카오택시, 키오스크, 모바일 뱅킹… 이런 걸 저희 어머니에게 설명해드리고 어머니가 이런 앱을 편안히 사용하실 가능성이 얼마나 될까요?

저는 1983년도에 대학을 휴학했고 다음 해에 군에 입대했습니다. 당시 제 아버지는 저에게 타자 등급을 따라고 하셨어요. 지금 20~30대인 분들은 이게 무슨 이야기인가 할 텐데, 그 당시에는 타자 학원에 가면 타자 급수를 쳤습니다. 1분에 몇 타를 칠 수 있느냐, 이걸 보는 겁니다. 제 누나는 타자 2급이었고, 저에게 3급은 따고 군대에 가라고 했었죠. 시키는 대로 그걸 배우고 군대에 다녀와서 86년도에 복학하고 88년도에 제일기획에 들어갔습니다.

그런데 입사 후 얼마 뒤에 워드프로세서라는 게 나왔어요. 신세계더라고요. 타자한다고 손가락에 힘을 줄 필요가 없어요. 이야, 이제 타자의 시대가 저물고 워드프로세서의 시대가 됐구나, 했는데 얼마 뒤에 데스크톱이라는 게 나옵니다. 30~50대인 분들, 배가 불뚝 나온 모니터 기억하실 거예요. 그게 직원들 책상 위에 다 놓였어요. 얼마 뒤에는 노트북이 나오고 모바일이 나오더니 스마트폰, 태블릿이 나와요. 이 변화의 속도와 폭을 보세요. 30년 전 우리가 짜장면을 시켜 먹던 방법과 여행하는 방법은 이제 거의 다 사라졌습니다. 완전히 바뀌어버렸어요.

　게다가 이 변화의 속도는 계속 빨라집니다. 한때 IBM 회장이던 사람이 이런 말을 했습니다. "전 세계 컴퓨터는 다섯 대면 충분할 것이다." 이 말은 PC의 시대를 보지 못한 겁니다. 스티브 잡스 같은 사람이 GUI, 그래픽 유저 인터페이스Graphic User Interface를 만들고 컴퓨터의 시대가 돼버렸어요. (사실 GUI는 제록스가 먼저 만들었고, 그것을 20대의 빌 게이츠와 스티브 잡스가 보고 충격받은 다음, 스티브 잡스가 상업화시켰습니다.) 그러더니 지금 무슨 얘기가 들립니까? 웹 1.0, 2.0, 3.0이요? 웹이라는 게 3차 혁명입니다. 인터넷이 상용화되면서 영어가 지배적인 언어가 됐어요. 사실 그 이전까지는 세계에서 가장 많이 쓰이던 언어는 스페인어였고,

1990년대 해외의 컴퓨터 광고. 30년 사이에 대체 무슨 일이 있었던 걸까?

2위가 중국어, 3위가 영어였는데 지금은 영어가 독보적인 1위죠. 그런데 이 변화는 웹으로 끝나지 않았어요. 3G, 4G, LTE라는 게 생기더니 5G로 넘어가요. WiFi라는 것도 생기고 영화에서 보던 AI가 현실이 됐습니다. 그런데 챗GPT라는 것도 등장합니다. 이건 또 뭡니까? 대체 어떻게 살아야 하죠?

잠시 이 챗GPT 이야기를 해볼까요? 챗GPT의 발전 속도가 너무 놀라워요. 전문가들이 챗GPT에 관해서 여러 가지를 예측했지만 이 속도로 발전할 줄은 몰랐답니다. 혹시 '세종대왕이 맥북 던진 사건'을 아시나요? 누가 챗GPT 3.5에 '세종대왕이 맥북프로 던진 사건'을 설명해달라고 요청했더니 챗GPT가 이렇게 답을 했답니다.

"세종대왕의 맥북프로 던진 사건은 조선왕조실록에 기록된 일화로, 15세기 세종대왕이 새로 개발한 훈민정음(한글)의 초고를 작성하던 중 문서 작성 중단에 대해 담당자에게 분노해 맥북프로와 함께 그를 방으로 던진 사건입니다."

할루시네이션hallucination이라는 말이 있습니다. AI 언어 모델이 사실 요소 몇 가지를 바탕으로 그럴듯한 얘기를 만들어내는 겁니다. 위의 사례에 해당하죠. 그런데 오래 지나지 않아 챗GPT 4.0이 나왔고, 여기에 똑같은 질문을 던졌어요. 그랬더니 이번에는 답이 이렇게 나오더랍니다.

"세종대왕이 맥북프로를 던진 사건은 사실이 아니며, 조선왕조실록에도 이와 관련된 기록은 없습니다. 세종대왕은 조선시대 4대 군주 중 하나로, 15세기 말부터 16세기 초에 걸쳐 조선 왕조를 이끌었던 왕이었습니다. (⋯) 맥북프로는 애플이 개발한 노트북 컴퓨터로, 세종대왕 시대에는 존재하지 않았습니다. (…) 따라서 세종대왕이 맥북프로를 던진 사건은 역사적으로 사실이 아니며, 해당 내용은 허구나 재치 있는 이야기로 해석해야 합니다."

놀랍지 않습니까? 다만 재밌는 사실은 답을 도출하는 알고리즘에는 변화가 없다는 겁니다. 같은 알고리즘인데 그때는 실패했고 지금은 성공한 거예요. 이유가 무엇인가 하면, 데이터의 양입니다. 그럼 그 데이터들은 어디에서 온 걸까요? SNS입니다. SNS상의 정보가 엄청나게 늘어나 버린 거예요. 그래서 이런 변화가 가능해진 겁니다. 이런 시대에 앞에서 이야기한 조직력, 효율, 규모, 상명하달, 일사불란 같은 말들이 살아남을 수 있을까요?

디지털 노마드의 시대

디지털 노마드의 시대. 이 표현이 가장 적합할 것 같습니다. '디지털 노마드'라는 말은 메타포가 아니라 팩트입니다. 우리는 현재 유목민의 삶을 살고 있습니다. 7천 년 가까이 농경 사회를 살아왔다면 지난 40여 년은 유목 사회를 살아왔다고 봅니다. 물론 물리적으로는 같은 장소에 살고 있어요. 몽골 초원에서 게르를 짓고 옮겨 다니지는 않죠. 하지만 택시 타는 방법, 음식을 시켜 먹는 방법이 바뀌었고, 사람들과 소통하는 방법이 바뀌었습니다. 싸이월드에서 페이스북, 인스타그램, 틱톡으로, TV에서 OTT로 이동해왔고, 이제는 메타버스, AI를 경험하고 챗GPT를 사용하고 있습니다.

농경 사회에서는 마을의 노인 한 사람이 도서관 하나와 같다고 이야기합니다. 같은 장소에서 같은 일을 사계절 반복하면서 지혜를 쌓아가니까요. 하지만 노마드의 삶은

물과 풀이 있는 곳을 따라 옮겨다니는 삶이죠. 이런 삶은 지혜를 누구로부터 얻어야 하느냐 하면, 젊은 사람들에게서 얻어야 합니다. 예를 들어 우리가 울란바토르에서 발칸반도 쪽으로 옮겨갔다고 칩시다. 낯선 곳에 텐트를 치고 그 부근을 탐색할 겁니다. 탐색하러 누가 나갈까요? 노인들이 아니라 젊은 사람들이 밖으로 나갈 겁니다. 이들이 밖으로 나가서 이곳저곳 돌아다니며 살핀 다음, 돌아와서 사람들에게 얘기해줄 거예요. "저쪽의 물은 먹지 마세요." "저 숲에는 앵두가 있어요." "저쪽에는 맹수가 살아요." 이런 정보를 전해주는 거죠. 귀담아듣지 않으면 살 수 없어요. 이동 속도는 빨라지고 새로운 영역은 계속 등장하고 있고요.

이것이 지금 우리가 사는 시대입니다. 나이 든 사람들이 젊은 사람들 이야기에 귀 기울여야 하는 시대가 된 거예요. 시스템, 조직력, 상명하달, 일사불란, 이런 단어들은 사라지고 있습니다. 그럼 어떤 단어가 이 시대의 키워드가

될 것인가? 제가 주목한 것은 '애자일agile'입니다. 이 단어의 사전적 의미는 '민첩한, 기민한'입니다. 이 말은 조직력과는 정반대에 있어요. 애자일의 시대에는 개별성, 각자의 창의성, 다발성 같은 말들이 중요하죠. 곧장 밖으로 나가 가까운 바닷가에서 "어디서 반 마리야, 치킨은 한 마리지"를 찍을 수 있는 힘, 이게 조직력일까요 아니면 민첩함일까요? 시대정신이 완전히 바뀌어버렸습니다.

디지털 노마드 시대의 원주민과 이주민
: 누구의 목소리에 귀 기울여야 하는가?

이런 시대에 특화된 사람들이 있습니다. 그 사람들을 우리는 '디지털 네이티브digital native'라고 부릅니다. 태어났을 때부터 스마트폰, 태블릿 같은 디지털 기기가 당연하고 틱톡,

유튜브 같은 미디어가 자연스러운 사람들입니다. 이들은 앞에서 제가 언급한 시스템의 시대가 굉장히 낯설 겁니다. 경험해본 적이 없으니까요. 요즘 아이가 있는 부모들은 아이를 데리고 식당에 갈 때 아마도 태블릿을 가지고 갈 거예요. 그래야 식사를 할 수 있을 테니까요. 실제로 아이가 있는 자리 테이블 위에 태블릿이나 스마트폰이 있는 모습을 흔히 볼 수 있어요. 이때 기회가 된다면 아이들이 그 기기를 어떻게 사용하는지 한번 유심히 보세요. 두 살짜리 아이가 화면을 밀고 당기고 넘기고 클릭해요. 너무 능숙하고 자연스러워요. 기성세대와 다르게 태어날 때부터 그게 삶의 일부인 거예요.

저는 책 읽는 걸 좋아하고 살아가는 데 인문학이 필요하다는 이야기를 오래전부터 다양한 방식으로 해왔습니다. 그런데 얼마 전 한 후배가 말하기를, 초등학교 3학년인 아이에게 책을 읽으라고 하기가 이렇다는 겁니다. 이유를 물어보니 아이는 책이라는 걸 제대로 본 적이 없대요. 아주 어릴 때부터 태블릿, 스마트폰을 사용해왔고 유튜브를 봐왔다는 거죠. 게다가 코로나19 시기를 거치면서 태블릿이나 노트북으로 수업을 들었고, 지금은 학교에 가지만 학교에서도 이런 기기를 이용해서 수업한대요. 그러다 보니 아이에게는 책이 오히려 낯선 미디어가 된 거예요. 이런 인류가 나타난 겁니다.

80년대 중후반에 태어난 세대까지는 그 이전 세대와 문화를 일부 공유한다고 봅니다. 시스템의 시대를 직간접적으로 경험했고 그것이 어떤 것인지 알아요. 시스템의 시대를 살아온 사람들, 그 시대 문법에 익숙해진 사람들은 일과 조직을 우선으로 하는 문화와 조직 안에서 먹고사는 게 당연하고 자연스러울 겁니다. 지금까지 기업 대부분은 이 사람들이 주된 구성원이었어요. 그런데 여기에 90년대생, 디지털 네이티브 세대가 유입하기 시작했어요. 이런 과정

초기에 출간된 『90년생이 온다』라는 책이 주목받았는데, 제가 보기에 사람들은 이 책의 제목을 "좀비가 온다"처럼 해석하는 것 같았어요. 기성세대로서는 이 디지털 네이티브 세대가 지금까지 봐오던 사람들과 너무 다르니 두려웠던 거예요. 이들을 MZ라고 이름을 붙이고는 "대체 너희는 왜 그래?"라고 하죠. 어느 시대나 기성세대와 새로운 세대를 가르는 말이 있었습니다만, 유독 이 MZ라고 불리는 세대에는 더 선을 긋는 것 같아요.

뒤쪽에서 좀 더 이야기하겠지만, 디지털 네이티브인 이 새로운 세대는 태어나 성장하며 배우고 경험해온 바가 이전 세대와는 매우 다릅니다. 시대 경험이 완전히 달라요. 당연히 삶을 대하는 태도나 회사나 일을 대하는 생각과 태도도 다를 수밖에 없습니다. 또한 자신들이 소비해왔던 콘텐츠가 있고, 그 콘텐츠를 통해서 이상적으로 생각하던 조직의 모습, 회사 생활이 있을 거예요. 그런데 막상 회사에 들어와 보니 여전히 시키면 시키는 대로 해,라는 군대 문화가 있어요. 회식은 모두 참석해야 하고 하지 않으면 눈총을 받고, 개별성이나 개인 취향을 존중받기도 어려워요. 그런 것에 대한 불편함을 내세우면 "역시 MZ는"이라며 부정적인 시선이 날아오고요. 결국 이 사람들도 더 단단히 벽을 세울 수밖에 없어요.

다윈이 이야기했습니다. "강한 종이 살아남는 게 아니라 변화에 잘 적응하는 종이 살아남는다." 부정할 수 없는 사실은 시대가 변해가고 있다는 점입니다. 우리를 성공으로 이끈 방정식이 이제는 실패로 이끌 가능성이 매우 큽니다. 지금까지 괜찮았다고 해서 앞으로도 괜찮으리라는 법은 없습니다. 조직력, 시스템, 상명하달, 일사불란과 같은 단어가 지금은 꽤 희미해졌지만 어떤 조직에는 남아 있을지도 모르겠습니다. 그리고 그와 같은 단어를 고수하려고 한다면 그 기업의 미래는 어떨까요?

지금이 디지털 세계라면, 이 세계로 이주해 온 사람이 누구겠습니까? 기성세대입니다. 이민 가면 보통 처음부터 그 세계에서 살아온 사람들에게 묻지 않나요? 이곳에서 어떻게 살아가야 할지를요. 이주한 사람들이 가르치는 게 아니고요. 앞에서 유목민이라고 말씀드렸잖아요? 내가 이 집단에서 연장자이고 경험이 많으니 내 말이 답이라고 고집하다가는 독이 들어간 물을 마시게 될지도 모릅니다. 그러니 잘 들어봐야 합니다. 지금 이 시대의 흐름을 잘 파악하고 보여주는 사람들은 디지털 네이티브입니다.

과거처럼 개인이 조직에 맞추는 시대가 아닙니다. 조직이 변하지 않으면 구성원의 행복도는 떨어질 것이고, 삶의 만족도가 떨어질 거예요. 번아웃이 오고, 우울증을 겪고 한 개인의 삶이 무너질 수도 있습니다. 기업으로서는 조직 내의 좋은 사람들이 떠나게 되면 기업 경쟁력이 약해지겠죠. 만약 대한민국을 대표하는 기업이라면 대한민국 기업 경쟁력이 약해질 거예요. 그러니까 조직 문화가 변하지 않으면 개인과 기업, 사회 전반이 영향을 받을 수밖에 없습니다. 시스템과 효율의 시대에 머물러 있던 시대 문맥을 바꾸지 않으면 우리는 그 방정식 때문에 망해 나갈 겁니다.

스몰 시스터스 앤드 브라더스의 시대

필립 코틀러가 쓴 『마켓 3.0』이라는 책에는 이런 이야기가 있습니다. 1.0 시장은 제품 중심의 시대로, 기업의 목표는 제품의 표준화, 생산 비용 최소화, 공장 규모 확대 같은 것이고, 낮은 가격으로 더 많은 구매를 유도하는 것인데 반해, 2.0 시장은 정보화 기술 시대로 상품 가치는 소비자가 결정하고 소비자의 선호 또한 천차만별이라고요. 여기에서 나아가 3.0 시장은 소비자의 삶과 상품 가치가 더욱 밀접한 연관성을 가지고 있고 소셜 미디어와 함께 참여의 시대가 열렸다고 말합니다. 즉 "파이프 라인의 시대에서 네트워크 시대로 넘어갔다"라는 이야기였어요.

　파이프라인의 시대가 뭐냐 하면, 웨스팅하우스, 캐리어, 제너럴 일렉트릭이 어떤 제품을 만드는지 소비자는 모릅니다. 기업이 연구하고 시행착오를 거치면서 제품을 만든 다음, 소비자에게 "이게 냉장고라는 거야, 너무 좋지. 사용법은 이것이고, 이런 장점이 있어"라고 소개하고, 소비자는 기업이 제공하는 정보를 접하고 상품을 사는 거예요. 즉, 일방적인 파이프라인을 타고 정보가 전달되는 시대입니다. 하지만 네트워크 시대에는 모든 과정이 투명하게 보이고 연결됩니다. 소비자가 기업이 제공하는 정보만이 아니라 생산에서부터 소비에 이르기까지 다양한 목소리에서 정보를 얻을 수 있어요.

　저는 대학교 때 조지 오웰의 소설 『1984』를 보면서, 빅

브라더^{big brother}라는 게 어떤 형태일까 궁금했었는데, 2017년에 스페인을 여행하면서 이 시대의 빅브라더는 구글이구나, 했습니다. 제가 어디에 있는지, 뭘 하는지 구글은 다 보고 있더라고요. 제가 어느 식당에서 무슨 음식을 먹고 얼마를 냈는지, 제 차가 지금 어디를 지나고 있는지, 제가 들른 주유소는 어디인지 다 볼 수 있어요. 그 사실을 인지하고 나서 구글이 악의를 품는다면 정말 빅브라더가 되겠다고 생각했습니다. 그런데 최근에 느낀 건 뭔지 아십니까? 이 시대의 빅브라더는 결국 '스몰 시스터스 앤드 브라더스 small sisters and brothers'로구나, 입니다.

전 국민이, 전 구성원이 감시망을 펼치고 있습니다. 누군가가 길거리에 침을 뱉었다면 어딘가에서 녹화되고 있을 가능성이 있습니다. 제가 어디에서 무슨 이야기를 할 때도 녹음되고 있을지 모르고요. 알 수 없어요. 스마트폰, SNS가 생기면서 내가 하는 모든 것이 기록되고 있다고 생각해야 하는 시대가 온 겁니다. 지금 이 시대가 아니면 대한민국을 대표하는 기업의 회장 사모님이 그렇게 소리 지르는 사람인지 우리가 어떻게 알았겠어요. 어느 회사의 회장이 여직원을 추행했다는 걸 어떻게 알았겠습니까? 스몰 시스터스 앤드 브라더스가 나오게 된 겁니다. 힘 있는 한 사람, 한 조직, 시스템을 따라가면 되는 시대가 끝나버렸습니다. 예전에는 CEO라는 말만 중요한 것 같았는데 지금은 CEO, CSO, COO, CMO, CCO 등 다양해졌죠? 이런 식으로 힘이 완전히 분산되어 버렸습니다.

그리고 여기에 불을 지펴버린 것이 미디어입니다. 저는 광고업계에 있기 때문에 이런 분야에 더 관심을 많이 갖는데요. 예전에 미디어라는 건 타깃 오디언스에게 메시지를 전달하기 위한 수단이자 좋은 콘텐츠를 만들어서 소통하기 위한 수단이었습니다. 그런데 언제부터인가 낯선 단어들이 들리기 시작했습니다. 미디어 컨섬션media consumption, 이

걸 주목하라고 합니다. 어떤 사람을 알려면 그 사람이 틱톡을 보는지 유튜브를 보는지, 여전히 케이블을 보는지, 저녁 8시 뉴스를 보는지를 주목하라는 말입니다. 그 사람의 미디어 소비 행태가 어떤지를 보면 그 사람을 알 수 있다는 것이죠.

미디어가 완전히 열려버렸습니다. 종류도 많아지고 진입 장벽도 완전히 낮아졌죠. 유튜브에 채널이 대체 몇 개인지 알 수 없어요. 방송국이 너무 많습니다. 이러다 보니까 광고 만드는 사람들은 이제 어디에 집중을 해야 할지 혼란스러워요. 타깃 오디언스라는 말에서 오디언스는 있는데 타깃이 없어진 겁니다.

제 이력으로 자주 언급되는 광고 카피들, "그녀의 자전거가 내 가슴속으로 들어왔다" "잘 자, 내 꿈 꿔" "나이는 숫자에 불과하다" "넥타이와 청바지는 평등하다" "사람을 향합니다" "진심이 짓는다" 같은 것이 지금 가능할까요?

그 당시에는 톱스타를 광고 모델로 기용하고 공감대 있는 영상과 카피를 만들어서 일정 금액을 석 달 동안 투입하면 전 국민이 그 광고를 다 봤습니다. 그 광고가 멋지기 때문이라기보다 채널은 한정되어 있고 반복적으로 보게 되기 때문입니다.

하지만 MBC, KBS1, KBS2 셋뿐이던 TV 채널에 SBS가 생기고 IPTV라는 게 나오더니 종편이 등장했어요. 채널만 수십, 수백 개가 됐죠. 그런데 또 바뀝니다. 요즘 집에서 TV '본방' 챙겨보는 사람이 거의 없을 겁니다. OTT를 이용하면 지하철에서, 버스에서도 볼 수 있는 걸 굳이 시간 맞춰 TV 앞에 앉아서 볼 이유가 있을까요? 게다가 TV 프로그램 말고도 재미있는 영상이 여기저기에 넘쳐나고 있죠. '매스 미디어'가 없어지고 '퍼스널 미디어'가 생겼습니다. 이게 정확한 표현입니다. 정말 많은 사람이 유튜브에서 개인 방송을 하잖아요? 한 사람 한 사람이 모두 다 미디어가 될 수 있어요. 이런 시대가 됐습니다. 브로드broad 캐스팅은 사라 졌고 이제는 내로우narrow 캐스팅이 있습니다. 브로드 캐스 팅에 의지하는 사람들은 나이 든 사람들입니다. 이제 큰 방 향은 내로우 캐스팅입니다.

모든 기업의 1차 고객은 구성원이다

요즘 젊은 세대는 구직할 때 본인이 가고 싶은 회사의 직 원이 하는 SNS, 유튜브 채널을 찾아서 본다고 합니다. 그 회사의 조직 문화나 업무 환경 등을 가장 직접적으로 확 인할 수 있기 때문입니다. 직장인들이 이직할 때 참고하는 '블라인드'라는 직장인 익명 커뮤니티 앱도 있어요. 이제 는 아무리 기업이 자사 이미지를 끌어올리기 위해서 광고 를 하고 메시지를 노출해도 직원 한 명이 SNS나 개인 채널에 회사의 불합리함이나 나쁜 분위기에 대해 토론하고, 그에 대해 공감대가 형성되면 기업의 이미지는 추락하고 맙니다. 이제는 구성원 한 사람 한 사람이 직접적인 스피커이고 채널인 셈입니다.

그래서 오래전부터 이야기해온 것이 "모든 기업의 1차 고객은 구성원"이라는 점입니다. 구성원을 먼저 회사의 팬으로 만들어야 해요. 그다음에 외연을 확장하는 '동심원'이 되어야 하죠. 저는 이것이 요즘 많이 이야기하는 ESG Environmental, Social and Governance의 핵심이라고 봅니다. 기업 활동에 친환경, 사회적 책임 경영, 지배구조 개선 등 투명 경영을 고려해야 지속 가능한 발전을 할 수 있다는 철학이 담겨 있는 말로, 많은 기업이 ESG라고 하면 '환경'을 가장 먼저 떠올리는데요. 하지만 시작은 가장 작은 원, '거버넌스Governance', 내부입니다. 또한 거버넌스라고 하면 경영의 투명성을 크게 이야기하지만, 행복이라는 관점에서 보면 ESG는 이렇게 생각해볼 수 있습니다. 구성원의 행복을 고려해야 하는 것이 G, 거버넌스이고, 그 다음으로 제품을 사는 소비자의 행복을 생각해야 하는 것이 S Scocial, 그것을 친환경적으로 만드느냐, 이것이 E Environment인 것이죠.

요즘 같은 시대에는 조직 구성원이 얼마나 이 조직을 만족스럽게 생각하느냐, 이 조직의 철학과 가치에 동의하고 있느냐가 중요해요. 회사의 구성원들이 회사의 기업 철학을 정확히 이해하고, 회사가 가지는 방향성에 공감하면 어디에서 누구를 만나도 회사에 대한 긍정적인 평가를 자발적으로 퍼뜨릴 테니까요. 어느 때보다 조직의 구성원이 중요한 시대가 됐습니다.

⟨The Tree of Animal Life⟩, 『Animalium』 & ⟨Animalium Postcards⟩,
illustrated by Katie Scott, Big Picture Press. 2014.

"자연에서 살아남는 것은 가장 강한 종도 가장 영리한 종도 아니다. 단지 변화에 가장 잘 적응한 종이다." — 찰스 다윈

2장.

조직 문화를 바꾼다는 것,
사람의 마음을
움직이는 일

: 전략 대신 정서
‘무엇을’이 아니라 ‘어떻게’
사실이 아니라 분위기
머리가 아니라 가슴

조직 문화는 정서적 접근이 필요하다

TBWA KOREA는 큰 규모는 아니지만 젊은 사람들이 많고 트렌드를 놓치지 않는 광고 회사입니다. 이런 곳에도 경직된 문화가 일부 남아 있습니다. 회의실에 들어가면 침묵하고 앞자리는 피하려고 하고, 팀장이 "돌아가면서 아이디어 좀 내 봐" 지시하는 그런 것들이요. 광고 일을 시작하고 팀장이 된 이후부터는 제가 어떤 자리에 있든 제 팀, 제 그룹, 제 본부만큼은 그런 분위기에서 벗어날 수 있도록 애써 왔고, 2015년부터는 회사 전체를 염두에 두고 많은 노력을 해왔습니다. 그 결과 지금은 좀 달라지긴 했지만 그렇다고 해서 완전히 바뀌었다고는 할 수 없어요. 그래도 확실히 달라진 면이 있습니다. 회의실에서 말하는 사람들이 늘었고, 사람들의 표정이 밝아졌어요. 그럼 이 정도로 충분한가? 아니죠. 계속해나가야 합니다.

조직 문화와 관련해 컨설팅할 때 제가 자주 하는 이야기가 있습니다. 지치지 말고 반복적으로 계속해야 한다는 겁니다. 문화는 일시적 현상이 아닙니다. 일시적인 유행처럼 스쳐 가는 게 아니에요. 저변까지 다 깔려야 하는 겁니다. 이를 위해서는 조직 구성원의 '심정적 동의'가 있어야 하고, 오랫동안 같은 방향으로의 노력이 필요합니다. 당연히 짧은 시간 안에 되는 일이 아닙니다.

이름 뒤에 '님'을 붙여 부르거나 외국 이름으로 부르는 문화, 여러 기업에서 도입하고 있죠? 나쁘지 않지만 이런 형식만 시행한다고 해서 조직의 분위기가 바뀌지는 않습니다. 가령 상사와 마주쳤을 때, 입으로는 "크리스 님, 안녕하세요"라고 말하면서 허리 숙여 인사한다는 우스개가 있잖아요. 자칫 잘못하면 오히려 노력해도 안 되네, 이런 걸 한다고 뭐 얼마나 바뀌겠어, 같은 실망감, 열패감만 줄 수 있습니다. 그래서 형식적인 걸 바꾸는 것보다 중요한 건 내면적이고 정서적인 걸 움직이는 일입니다. 그래서 이번 장에서는 조직 문화를 어떻게 정서적으로 접근할 수 있는지, 풀어갈 수 있는지를 이야기해보려고 합니다.

정의, 공감과 동의, 확산

TBWA 조직문화연구소에서 어떤 방식으로 기업의 조직 문화에 접근하는지 말씀드려볼게요. 우선 한 기업의 조직 문화를 진단하고 변화를 도모하려면 먼저 그 기업을 공부해야 합니다. 어떤 일반론도 상황의 특수성을 이길 수는 없어요. 해외에서 잘 통하는 이론이 있다거나 새로운 학설이

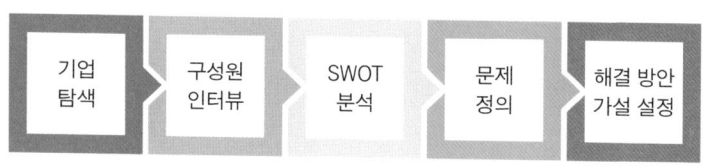

생겼다거나 하는 것은 모두 참고사항입니다. 그런 이론은 참고사항으로 두고 해당 기업의 강점과 약점, 장단점을 먼저 파악합니다. 심도 있게 파고 들어가 보면 어떤 기업은 너무 권위적인 분위기가 문제일 수 있고, 어떤 기업은 부서 간 소통이 안 될 만큼 닫혀 있는 게 문제일 수 있어요. 또 어떤 기업은 너무 규율이 없다는 게 문제일 수 있고요. 그래서 해당 기업을 공부하고, 그 기업의 임원급, 팀장급, 평사원들을 만나서 인터뷰를 합니다. 다양한 위치의 조직 구성원들을 만나서 이야기해보면 회사의 문제점, 전반적인 분위기가 드러나기 때문입니다. 이 과정을 통해서 이 조직의 문제를 좀 더 분명하게 '정의'할 수 있습니다.

　물론 인터뷰를 통해서 문제만 확인하는 것은 아닙니다. 이 기업의 핵심적인 가치들을 함께 찾아볼 수 있습니다. 이 모든 것을 통틀어 SWOT 분석을 해봅니다. 이 과정을 거치면 해당 기업의 문제뿐만 아니라 기업이 중요하게 가져가야 할 아이덴티티, 가치가 정리됩니다. 그렇게 '문제를 정의'하고 '나아가야 할 방향'을 A안, B안, C안 등으로 만듭니다.

　이다음으로 중요한 것이 '공감'입니다. 외부에서 문제를 진단하고 해결책을 제시할 수는 있지만 내부의 공감이 없으면 더는 앞으로 나아갈 수 없습니다. 조직 구성원이 200명이 되었건, 3만 명이 되었건 간에 정리된 문제와 해결 방안에 대해 구성원이 공감하고 동의해줘야 다음 단계로 넘어갈 수 있습니다. 이를 위해서 조직문화연구소에서 애용하는 도구 중 하나는 워크숍입니다. 다들 워크숍이라는 말에서부터 반감이 들 수 있지만 제대로만 하면 워크숍은 아주 좋은 도구로 기능합니다.

우선 이 워크숍은 조직 내에서 낙수 효과를 줄 수 있는 사람들을 대상으로 진행합니다. 때로는 임직원만을 대상으로 하기도 하고, 때로는 부장이나 팀장일 수도 있습니다. 노조원이나 연구원일 수도 있어요. 중요한 점은 사람들에게 확실히 영향력을 가진 핵심 인물들key men이 대상이어야 한다는 겁니다.

이 워크숍에서 논의하는 회사의 아이덴티티는 회사에서 일방적으로 내리꽂은 것이 아닙니다. 앞에서 말씀드린 인터뷰를 통해서 정리된 아이덴티티입니다. 즉, 제시되는 A, B, C안 중에는 분명히 '나의 의견'이 반영된 안이 있습니다. 그렇기 때문에 사람들은 이 안을 가볍게 보지 않습니다. 심지어 내 의견과 다른 의견도 궁금해져요. 왜냐하면 이것은 회사가 아니라 여기 모인 내 동료들의 생각이기 때문입니다. 이 안들을 가지고 서로 의견을 나누고 토의하면서 합의를 이룹니다. 하나의 아이덴티티에 '동의'를 이루는 과정이고, 이것은 자발성이 확보된 동의입니다. 그러면 이 워크숍에 참석했던 사람들은 밖으로 나가 선후배, 동료들을 만나서 합의된 아이덴티티를 전파(확산)하게 됩니다. 이 말에는 힘이 실릴 수밖에 없습니다.

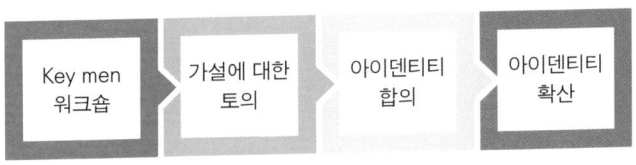

철학의 문학화 & 생각의 디자인

그렇다면 구성원의 심정적 동의는 어떻게 구할 수 있을까요? 광고는 B2B2C로 불특정 다수의 관심 없는 사람들 마음에 던져 넣는 메시지입니다. 15초, 30초라는 시간 안에 불특정 다수의 마음을 움직여야 해요. 이 짧은 시간 안에 이론적이고 이성적인 설득으로 사람들의 마음을 열기는 어렵습니다. 가슴을 움직여야 하죠. 감동을 줘야 해요. 느낄 '감感', 움직일 '동動'입니다. 제가 좋아하는 말입니다. 저는 이것이 크든 작든 모든 조직에 필요하다고 봅니다.

기업 대부분이 좋은 철학을 가지고 있습니다. 좋은 의지가 있고 조직 문화에 관심을 가지고 괜찮은 결과물을 도출시키려고 하지만, 대부분 서류상으로만 남아 있어요. 회사의 경영 이념을 기억하는 구성원이 얼마나 되겠습니까? "도전 의식을 갖자" "우리는 인류 복지에 기여하고 소비자의 필요에 응하며…" 이런 경영 이념이 사무실 구석, A4 용지 위에 남아 있을 확률이 높죠. 구성원에게 진짜 전달되지는 않습니다. 오히려 피로도만 올릴 뿐이에요. 일종의 '사문死文'입니다. 이런 식으로는 조직 내부도, 외부도 마음을 움직일 수 없습니다. 이걸 바꿔야 합니다.

예를 간단히 들어볼게요.

지속적인 학습을 도모한다

→ 배운다 배운 걸 지우고 다시 배운다

서로의 장점을 발견하고 칭찬한다

→ 잘 안다 잘 한다 자란다

말의 핵심을 뽑아서 구성원의 가슴에, 뇌리에 안착할 수 있도록 하는 작업이 필요합니다. 그래서 제가 클라이언트를 만나서 자주 하는 이야기는 "철학을 문학화시켜야 한다"라는 말입니다. 철학은 정확한 개념이고 문학은 피를 끓게 하는 개념입니다. 제가 작업했던 광고 카피를 하나 더 예로 들어볼게요.

A. 넥타이와 청바지는 평등하다

B. 오랫동안 옷은 신분을 나타내는 것으로 차별을 위한 표식이었으나 정보사회가 시작되면서 자본은 실리콘밸리의 보헤미안들에게 흘러 들어갔고, 이들은 양복 대신 청바지를 즐겨 입었습니다. 청바지가 더는 노동자의 표식이 아니게 된 셈입니다. 이제 어떤 옷을 입느냐가 그 사람의 신분을 나타내지 않습니다.

A와 B, 둘 중 어느 쪽이 강렬하게 남습니까?

광고의 목적은 광고 메시지를 소비자에게 잘 전달해서 소비자가 실제로 상품을 구매하는 겁니다. 기업이 조직 문화를 바꾸고자 할 때 고객은 조직 구성원입니다. 이 사람들이 만족하지 않으면 위에서 어떤 좋은 이야기를 한다고 해도 바뀌지 않습니다. 즉, 어떻게 해야 구성원이 귀를 기울일 것인가, 구성원의 마음을 움직일 수 있는가를 염두에 둔 광고적 화법이 적용되어야 합니다.

　다음은 『공산당 선언』의 마지막 문장입니다. 실제 선언문은 4개의 장으로 구성되어 있지만 그 모든 내용을 다 기억하기는 힘들어요. 하지만 이 마지막 부분만큼은 인상적으로 남습니다.

　"프롤레타리아가 혁명으로 잃을 것은 쇠사슬밖에 없고, 얻을 것은 온 세상이다. 전 세계의 노동자들이여, 단결하라!"

　이것은 정확한 사실이 반영된 서술이 아닙니다. 잃을 게 쇠사슬뿐일 리가요. 잃을 것 많습니다. 온 세상을 얻을 수도 없어요. 하지만 이게 왜 필요한가 하면, 이 문장이 듣는 사람의 가슴을 울리고 그 사람을 벌떡 일어나게 만들기 때문입니다. 철학이 문학화가 된 겁니다. 똑같습니다. 그 기업이 가진 역량, 철학이 문학화되면 구성원의 뇌리에, 마음에 깊이 남을 수 있어요. 나아가 구성원이 조직 안에서 자신이 하는 일의 가치를 인식하고 진짜 출근하고 싶어지도록 할 수 있습니다.

　광고는 많은 이야기를 짧은 메시지로 증류해야 합니다. 늘 그 과정을 거칩니다. 그뿐만 아니라 어떻게 하면 이 광고에 관심 없는 불특정 다수의 사람이 광고 영상을 넘기지 않고 보게 만들 것인가를 고민합니다. 이건 유려한 문체만으로 되지 않습니다. 귀를 사로잡는 음악을 쓰기도 하고 어떨 때는 인지도가 높은 연예인을 기용하기도 하고 어떨 때는 화려한 그래픽을 쓰기도 합니다. 결과물을 보면 이게 광고인가 싶은 광고들도 있죠. 뮤직비디오처럼 보이기도 하고 숏폼 영화 같기도 해요. 하지만 뇌리에 확실히 남습니다. 사람들이 떠나지 않을 이유를 찾아줘야 하는 겁니다.

　다만 핵심은 잡고 가야 합니다. 멋진 카피, 시선을 사로

잡는 그래픽, 좋은 음악 모두 광고의 '목적'에 봉사해야 해요. 단지 말이 너무 멋있어서? 음악이 너무 좋아서? 그런 이유로는 안 되죠. 광고는 합목적적 커뮤니케이션입니다. 어떤 요소를 쓰는 데는 합당한 이유가 있어야 합니다. 이게 하나라도 틀어지면 사람들이 쉽게 채널을 돌리고 건너뛰기skip 버튼을 누르죠. 그래서 잘 만든 광고를 보면 빈틈이 없습니다. 조직이 구성원에 전하고자 하는 메시지 역시 마찬가지입니다. 구성원이 그 메시지에 주목하고 감동하고 '심정적으로 동의'할 수 있게 하려면 '무엇을' 전달할 것인가를 넘어서 '어떻게' 전달할 것인지를 고민해야 합니다.

흥행성 확보 : 어떻게 하면 구성원들이 좋아할까?

마지막으로 자주 이야기하는 것이 회사에서 진행하는 모든 행사의 '흥행성을 확보하라'라는 겁니다. 회식에 빠지면 안 돼, 연말 행사에 차장 부장급은 다 필참이야, 이번에 진행하는 회사 교육은 전 직원 무조건 참석해야 해, 이런 방식은 없어져야 한다고 봅니다. 물론 저도 오래전에는 그런 조직 문화를 경험해봤습니다. 회식이나 교육, 사내 모임이 있으면 참석해야 하는 인원이 할당돼서 내려오기도 했죠. 하지만 그렇게 강요에 의해서 참석하는 자리에서는 아무리 좋은 이야기를 들어도 와닿지 않아요. 오히려 반감만 듭니다. 그런 문화를 경험해봤기 때문에 제가 윗사람이 된 뒤에는 할 수 있는 만큼은 바꾸고 싶었어요. 교육이든 회식이든 사람들이 자기 마음이 동하면 참석하게 마련이에요. 그러니 회사가 해야 하는 일은 구성원에게 참석을 강요할 게 아니라 그 사람들이 자발적으로 오고 싶게 만드는 일입니다.

광고하는 사람들, 꽤 시니컬합니다. 웬만큼 해서는 감동하지 않습니다. TBWA KOREA에서도 연말에 60명 정도 본부 회식을 하면 고깃집에 가서 고기 먹고 횟집에 가서 회 먹고 술 취해서 돌아가고는 했었어요. 그런데 젊은 사람들이 이런 자리 재미있을까요? 회사에서 한다고 하니 어쩔 수 없이 참고 와주는 거죠. 이왕이면 사람들이 이번 본부 행사는 재미있겠다, 꼭 가고 싶네, 함께 놀고 싶네, 이런 마음이면 좋을 것 같았어요. 그래서 몇 년 전부터 마음 맞는 후배들과 TF팀을 짰습니다. 여기에서 '마음 맞는'이 중요합니다. 같은 문제의식과 방향성을 가지고 있는 사람들이어야 해요. 그래야 무엇을 기획하고 준비하든 자발적으로 흥이 나서 움직이니까요. 누가 보면 우습다고 할 거예요. "아니, 일은 안 하고 그렇게 놀 준비를 하고 있단 말이야? TF팀까지 짤 일이야?" 하겠지만, 아뇨, 중요합니다. 이런 데서부터 분위기가 바뀌거든요.

실제로 저희가 준비했던 본부 행사 하나를 말씀드려볼게요. 그때도 이 본부 행사를 위한 TF팀을 구성했고, 젊은 친구들이 좋아할 만한 술집을 조사해서 한 곳을 대관했습니다. 이때 내걸었던 메시지는 "We respect your taste"였어요. 술, 음식, 음악 모두 각자 취향이 있잖아요? 그 개별적인 취향을 존중하겠다는 의미였어요. 아래와 같은 메시지를 만들고 디자인까지 해서 포스터를 내붙였습니다.

We respect your taste.

취향 찬란 Tequila Beer Whisky Amugona

취향 찬란 Techno Blues World music Amugona

이번 본부 행사는 뻔한 고깃집에서 일렬로 나란히 앉아서 소주, 맥주 마실 게 아니라는 이야기예요. 당신이 좋아하는 술과 음악을 준비해놨다는 거죠. 별것 아닌 것 같지만 이런 데서부터 사람들의 마음이 움직입니다.

행사 당일에는 대관한 술집 복도에 "어서 와. 뭘 좋아

We respect your taste.

Tequila.
Beer.
Whisky.
Amugona.

할지 몰라서 다 준비했어"라는 내용의 현수막을 걸었어요. 그리고 가게 안 공간마다 위스키, 맥주, 테킬라 등 각종 술을 채워놨죠. DJ도 섭외해서 사람들이 좋아할 만한 여러 가지 음악을 들을 수 있게 했고요. 이전과 다른 분위기에 호기심을 가지고 왔던 직원들은 그날 예정된 시간을 꽉 채워 신나게 즐겼어요. 심지어 약속한 시간이 끝난 뒤에도 쉽사리 돌아가지 않더라고요.

제가 본부장이던 당시에는 본부 행사가 예정되면 이렇게 TF팀을 구성해서 한두 달 전부터 행사를 설계했습니다. 팀원들이 좋아할 만한 공간을 찾아서 대관하고, 재미있게 놀려면 무엇을 어떻게 해야 할지 고민했죠. 요즘 사람들이 좋아하는 게 뭔지, 무엇이 유행인지 같은 것을 알아봤어요. 어떨 때는 헤나 타투 해주는 사람을 섭외했고, 어떨 때는 타로점 봐주는 사람을 섭외하기도 했어요. 사람들이 좋아할 만한 술을 종류별로 준비해놓고, 행사의 콘셉트도 디자인해서 보여주고, 참석을 강제하지 않아요. 그러면 굳이 말하지 않아도 본부 행사에는 대부분의 사람들이 자발적으로 와요. 왜냐? 본부 행사가 재미있다는 게 소문이 났고, 와 본 사람들은 알거든요.

워크숍도 마찬가지입니다. 워크숍 간다고 했을 때 직원들이 한숨부터 나오면 안 되죠. '회사가 또 우리를 죄려고 하는구나'가 아니라 기대하도록 만들어줘야 합니다. 저는 국내로 워크숍을 가는 경우에 일단 주말은 피합니다. 토요일을 끼고 워크숍 가는 회사가 꽤 있을 텐데 생각해보세요. 직원 중 그런 일정을 누가 좋아하겠어요. 직원 처지에서는 소중한 주말 하루를 회사가 앗아가는 것밖에 안 됩니다. 직원에게 감정 이입해보면 답이 명확한 일입니다. 워크숍 장소도 이왕이면 '우리가 회사로부터 대접받고 있구나'라고 느낄 수 있을 만큼 깨끗하고 분위기 있는 장소가 좋겠죠. 이름표 하나만 나눠줘도 이거 너무 재미있다, 하면서 웃음이 나오게 하는 거예요. 그다음 그 안에서 우리가 마주한 문제에 대해 자발적으로 고민하고 토의하고 협의할 수 있도록 분위기를 만들어줍니다.

모든 것이 세밀하고 정서적인 노력입니다. 회의든 워크숍이든, 교육이든 행사든 모두 마찬가지입니다. 무엇보다 이런 노력은 한두 번으로 되지 않습니다. 가령 CEO든 회사의 간부든 위쪽에서 조직 문화를 바꾸겠다고 마음을 먹어도 구성원은 갑자기 변하지 않습니다. 게다가 기존 문화에 익숙한 직원들이 있고 이 사람들은 오히려 변화가 불편할 수 있어요. 무엇보다 갑자기 바꾸라고 해봐야 어떻게 바뀌야 할지 몰라요. 큰마음 먹고 새로운 시도를 했다고 해도 눈에 띄는 변화가 없으면 포기하기가 쉽고요. 5년, 10년 큰 방향을 잡고 가야 합니다. 딱딱했던 조직이 강연 하나에, 행사 한 번에, 교육 한 번에 갑자기 바뀌지 않습니다. 조직 문화가 바뀌고 좋은 문화가 자리 잡기까지는 시간이 정말 많이 걸립니다. 그 부분을 염두에 두고 지속해서 해나가는 수밖에 없습니다.

사례 1 : 리인벤트 LG전자

TBWA 조직문화연구소에서 LG전자와 함께 진행했던 '리인벤트REINVENT LG전자' 이야기를 말씀드려봅니다. LG전자 내부에는 "LG way"라고 해서 기업의 비전과 경영 이념, 행동 방식에 대한 일종의 경영 철학이 있습니다. 그리고 30년 전에 세웠던 행동 강령Code of Conduct이 있었죠. 당시에는 구성원들에게 전달됐었지만 시간이 흐른 만큼 현재는 사문으로 남아 있었습니다. LG전자 사장은 이걸 두고 고민한 겁니다. 어떻게 새로운 행동 강령을 세우고 직원들에게 이것을 잘 전달할 수 있을까 하고요. TBWA 조직문화연구소에서 이 고민을 듣게 됐고 해결 방법을 함께 찾아보기로 했습니다.

우선 가장 먼저 CoC Code of Conduct 킥오프를 실행한 후, 페이퍼 리서치를 하고 약 3주에 걸쳐 임직원과 대면, 비대면 인터뷰를 진행했습니다. 동시에 국내외 2300여 명에 이르는 직원을 대상으로 설문을 진행한 다음 이 결과를 분석했습니다. 그리고 행동 강령의 핵심적인 메시지만 가져와서 새로 디자인하고 캐릭터를 새로 만들었습니다. 예를 들면 이런 식이에요.

- 대화를 자주하자. 대화가 모두를 변하게 한다.

  칭찬을 자주하자. 칭찬이 신바람나게 하는 것이다.

  ➜ 꽉 막힌 소통은 LG 전자의 손상 원인이 된다.

  ➜ "즐거움"의 스위치를 켜야 잘 안다 잘한다 자란다

LG ELECTRONICS REINVENT GUIDE

생각을 모으자, 행동을 바꾸자

생각 위에
직급을
올려놓지
말자

믿을 수 없다면
LG전자가 아니다
믿을 수 없다면
동료가 아니다

보고의 군살은
빼고
행동의 근육을
키우자

배운다
배운 걸
지우고
다시 배운다

LG전자는
공룡이 아니다
나비처럼 난다
벌처럼 쏜다

"그게 되겠어?"는
"해보면 알지!"를
이길 수 없다

꽉 막힌
소통은
LG전자
손상의
원인이 된다

회의실은
정답을 말하는
곳이 아니다
생각을 말하는
곳이다

"즐거움"의
스위치를 켜야
잘 안다
잘 한다
자란다

고객도
모르는
고객을
알자

치열하게 논의한다
끈기있게 실행한다
확실하게 앞서간다

- 안 되는 이유보다 될 수 있는 방안을 찾자

  계획은 치밀하게, 실천은 과감하게, 확인은 철저하게

  → 보고의 군살은 빼고 행동의 근육을 키우자

물론 시작할 때 내부에는 이 프로젝트에 대한 우려의 시선도 있었습니다. 이런 거 한다고 뭐 변하겠어? 직원들 죄려고 하는 거 아니야? 같은 날 선 반응도 있었고요. 이것은 어느 기업이든 비슷할 거라고 봅니다. 사실 어느 회사든 이런 식의 시도는 늘 있었고, 실패하고 다시 시도하는 과정들이 있었으니까요. LG전자에서도 마찬가지였죠. 저희는 내부의 이런 시선을 어떻게 할지 고민해본 끝에 인정하기로 했습니다. 회사가 내부에 어떤 문제가 있는지 알고 있고 함께 생각해보고 싶다는 의지를 전하는 쪽으로 방향을 잡았고, 그 방법을 찾기로 했죠. 그 결과 행동 강령을 새롭게 디자인한 것처럼 이 메시지도 간결하지만 진심이 전달

될 수 있도록 정리하고 포스터를 만들어 내걸었습니다.

그 많은 단점에도 불구하고

LG전자는 힘이 세다

그 많은 불만에도 불구하고

LG전자는 단합을 안다

그 많은 우려에도 불구하고

LG전자의 미래는 밝다

리더들이 말합니다

"우리 먼저 바뀔게요"

팀원들이 말합니다

"더 재미있게 일할게요"

사장님이 말합니다

"여러분 뜻 따를게요"

그 많은 단점에도 불구하고
LG전자는 힘이 세다

그 많은 불만에도 불구하고
LG전자는 단합을 안다

그 많은 우려에도 불구하고
LG전자의 미래는 밝다

생각을 모으자
행동을 바꾸자
REINVENT
LG전자

리더들이 말합니다
"우리 먼저 바꿀게요"

팀원들이 말합니다
"더 재미있게 일할게요"

사장님이 말합니다
"여러분 뜻 따를게요"

생각을 모으자
행동을 바꾸자
REINVENT
LG전자

이렇게 두 가지 방향으로 여섯 줄을 만드는 데도 많은 시간과 고민이 필요했어요. 회사가 부족한 부분을 인정하고 앞으로 잘해보자고 이야기하고 싶은데 이 이야기를, 일단 알겠고 오늘부터 좀 바꿔보자, 이런 식으로 하면 안 되잖아요. 이런 일련의 과정이 앞서 말씀드렸던 '철학의 문학화'인 겁니다.

임직원 워크숍도 두 차례 진행했습니다. 이 워크숍은 앞서 진행된 인터뷰와 설문 분석을 통해 얻은 문제의식을 임직원과 공유하고 앞으로 나아가야 할 방향에 대해 논의하고 협의하는 과정이었습니다. 이 워크숍은 '키 맨'이 될 수 있는 사람들을 대상으로 한 워크숍입니다. 이를테면 영화를 찍을 때 조명 감독, 미술 감독, 촬영 감독, 미술 감독 등 각 파트의 장만 모아서 회의하는 것과 같습니다. 연출자가 아무리 좋은 이야기, 장면을 머릿속에 그리고 있어도 그게 각 파트와 공유되지 않고 협의가 이뤄지지 않으면 어떻게 되겠어요? 그뿐만 아니라 각 파트마다 느끼는 애환이 있을 것이고, 무엇이 실행 가능하고 가능하지 않은지도 서로 확인하고 협의하는 과정이 필요하죠. 임직원 워크숍은 전체가 앞으로 나아가기 위해 임직원부터 한 방향을 바라보도록 하는 과정입니다.

그 이후 '리더십 워크숍'을 별도로 진행했습니다. 앞서 거친 임직원 워크숍을 통해 합의된 아이덴티티에 대해 공감대를 끌어내기 위한 자리였죠. 이후에는 이 키 맨들이 직접적인 스피커가 되어줄 거였어요. 각 위치에서 실무자들과 부딪치며 일하는 사람들이니까요. 앞서 말씀드린 낙수효과를 불러오기 위함입니다. 한편 이 워크숍을 마치고 임원 한 분이 이런 이야기를 하더라고요. "나만 잘하면 되는거군요." 그 이야기를 듣고 '됐다' 싶었습니다.

또한 프로젝트를 본격적으로 진행하기 전에 CEO가 이 프로젝트에 대해 설명하는 영상을 공유했고, LG 트윈타워에는 임직원 인터뷰 때 직원들이 이야기했던 내용 중 일부를 추려서 띄웠습니다. 회사도 내부에 어떤 문제가 있다는 것을 알고 있고 직원들의 이야기를 듣고 있다는 걸 보여주고자 한 겁니다. 당면한 문제들에 대해 함께 생각해보겠다는 회사의 의지를 직간접적으로 보여준 거예요. 사람들의 인식은 이런 데서부터 조금씩 바뀝니다. 적어도 회사가 내 이야기를 듣고 있다는 것만으로도 마음이 좀 달라질 수 있어요. '이런다고 뭐가 달라지겠어?' 하는 마음이 '어라? 이번에는 뭔가 좀 다른 것 같은데? 회사가 노력하네?'로 방향이 살짝 바뀌는 거죠.

그 이후 계획한 대로 정해진 날짜에 리인벤트 데이를 열고 CEO의 진심이 압축적으로 담긴 짧은 메일이 전 직원에게 보내졌어요. 그리고 계획된 프로그램들을 쭉 진행했습니다. 본부별로 행사도 하고요.

이 모든 프로젝트가 다 끝나고 난 뒤에 LG전자의 키 맨

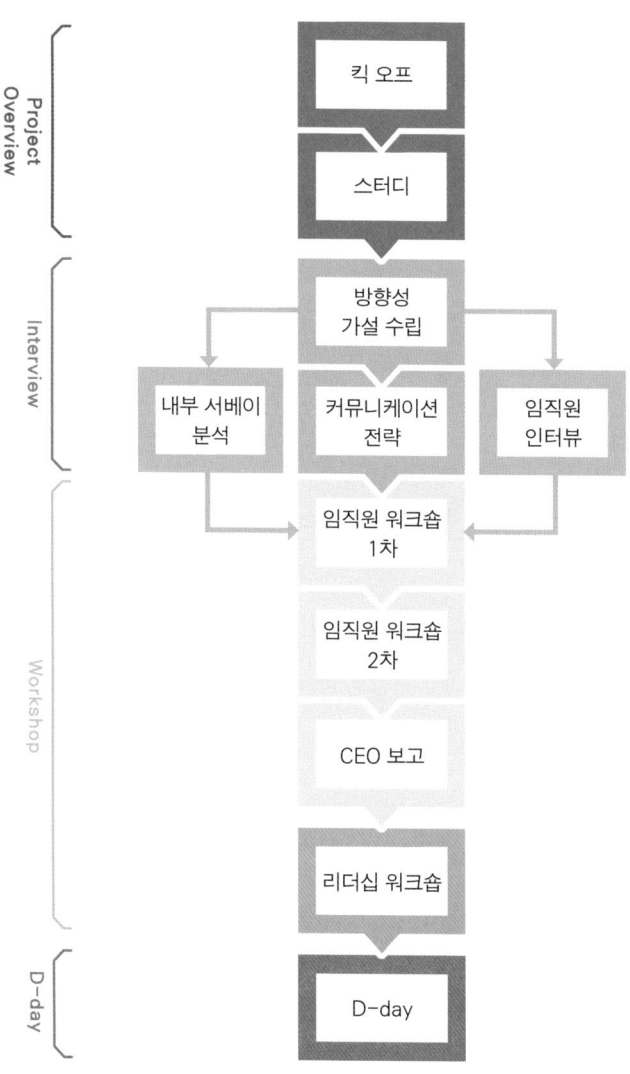

조직문화연구소에서 진행하는 프로젝트 과정의 예

들로부터 긍정적인 반응을 전달받았습니다. 직장인 익명 커뮤니티 앱인 '블라인드'에 회사에 대한 부정적인 이야기가 눈에 띄게 줄었고 이번 리인벤트 행사에 대해서는 직원들이 긍정적으로 평가하더라는 이야기였습니다. CEO가 젊은 직원들과 함께하는 '펀 토크First.Unit.New TALK' 프로그램에 자발적으로 참여하는 사람이 늘었고 이것 역시 예전과 달리 반응이 좋았다고도 했고요. 행사 때 보내진 CEO 레터는 지금까지도 직원들 사이에서 회자된다고 하더군요. 구성원들의 마음에 변화가 일어난 겁니다.

다만 이런 시도가 한 번으로 그쳐서는 안 되죠. 한 번의 시도로 그친다면 '이번엔 좀 다른데?'라는 기대가 '역시, 일회성 이벤트였어'라는 실망으로 바뀔 수 있어요. 문화는 한 번에 형성되지 않아요. 한 방향으로 크고 작은 시도를 꾸준히 해나갈 때 조금씩 바뀌어나갑니다.

사례 2 : TBWA KOREA 추도식 & 기념식

TBWA KOREA의 경쟁 PT 승률은 평균 4할 정도입니다. 그런데 2016년은 이상한 해였어요. 모든 경쟁 PT에서 떨어졌으니까요. 회사 분위기는 가라앉았고 밖에는 소문이 돌기 시작했습니다. TBWA 이제 끝났어,라는 거였죠. 이 분위기가 해를 넘겨 지속되면서 광고주들로부터 경쟁 PT 인비테이션이 오지 않을 가능성이 보이기 시작해요. 이 인비테이션은 '너희 회사로부터 광고 기획안을 받아보고 싶다'라는 일종의 초대장인데, 이걸 받지 못하면 아예 기회조차 얻을 수 없다는 의미입니다. 이건 정말 큰일이거든요. 다들 신경이 날카로워졌고 내부에는 '네 탓이다' 분위기가 돌기 시작했습니다. 기획이 문제다, 제작팀의 아이디어가 진부하다, 경영진이 경쟁 PT 비용을 주지 않는다, 매체팀에서 전략을 잘 못 짠다⋯. 가만히 보니 이 분위기가 바뛸 기미가 보이지 않아요. 저조차도 불안해졌습니다. 그런데 어느 날 문득 자다가 새벽에 깨서 이런 생각이 들더라고요. '내가 지금 뭘 하고 있지? 내가 왜 이렇게 벌벌 떨고 있지? 평생 그렇게 살아오지 않았는데.' 그러고 나서 팀장들과 워크숍을 다녀와야겠다는 생각이 들었습니다.

하지만 이런 분위기에서 워크숍 가자고 하면 누가 좋아하겠어요. 신경이 더 곤두서겠죠. 일도 많고, 안 풀리는데 무슨 워크숍이야, 자아비판을 하라는 건가, 하며 화가 날 거예요. 그래서 일단 CEO를 찾아가서 상황을 공유하고 워크숍이 왜 필요한지 설명한 다음 워크숍 경비를 받았습니다. 그다음 2박 3일 일정으로, 장소는 후쿠오카로 잡았죠. 국내에도 좋은 곳이야 많지만 뻔한 느낌이 있잖아요? 어디 서울 근교에 나가서 술이나 마시고 한탄이나 하다 오겠구나, 이런 생각이 들면 안 되니까요. 어쨌든 이렇게 장소와 일정을 잡아놓고 팀장 회의에서 이야기했습니다.

"그동안 고생 많았어. 우리 좀 쉬다 오자. 우리 모두 어른인데 누구 때문이다, 누가 문제였다, 이러는 건 좀 웃기잖아. 그냥 각자 뭘 바꿔야 할지 3분 정도 발표 좀 해 줘. 그거 외에는 나머지는 신경 쓰지 말고."

그런 후에 다시 TF팀을 짰습니다. 이 팀장 워크숍의 목표는 인상 쓰고 출발한 사람들이 웃으면서 돌아오게 만들자, 이거였어요. 패배감, 불안감으로 가라앉은 분위기를 반전시키는 게 가장 큰 목표였죠. 이 목표를 세우고 TF팀과 워크숍의 콘셉트를 잡고 어떻게 하면 잘 실행할 수 있을지 세밀하게 계획을 세웠습니다. 이 모든 것은 팀장들에게는 비밀에 부쳤습니다. 그것까지 계획이었어요.

워크숍 첫날, 정오쯤 후쿠오카 숙소에 도착한 뒤에 팀장들에게 각 방의 침대 위에 놓인 것을 들고 오후 3시까지 회의실로 와달라고 부탁했습니다. 각 방 침내 위에는 사전에 TF팀에서 준비한 국화 한 송이와 잘 디자인된 조의문, 검은색 보타이가 놓여 있었어요. 오후 3시, 팀장들은 의아한 얼굴로 국화와 조의문을 들고 약속 시간에 맞춰 회의실로 들어왔죠. 이때 회의실 한가운데에는 묘비 하나가 세워져 있었습니다. TBWA KOREA의 묘비였어요. 한 해 동안 패배를 이어왔던 TBWA는 이제 죽었다,라는 의미였어요. 즉 워크숍 첫날의 콘셉트는 장례식, 추도식이었습니다. 묘비는 미리 아트팀에 부탁해서 만들어 온 거였고요. 아트팀은 TF팀의 취지를 이해하고 실제 묘비처럼 이끼까지 구현해서 그럴듯하게 만들어줬죠.

한 해 동안 패배해왔다는 현실은 인정하되 여기에 '위트wit'가 끼어든 거예요. 이 순간부터 날카롭게 서 있던 신경이 누그러져요. 웃음이 돌기 시작합니다. 다들 각자 들고 온 조의문과 국화를 묘비 앞에 놓고 인사한 다음 짧은 토의 시간을 가졌습니다. 이때 이런 질문을 던졌습니다.

아트팀에서 만들어준 TBWA KOREA의 묘비(왼쪽), "THE FORCE HAS LEFT TBWA"라는 메시지가 적힌 조의문과 검은색 보타이, 흰 국화(중앙), 추도식이 진행되던 현장(오른쪽).

"TBWA가 죽으면 세상은 뭘 잃는 걸까?"

마음이 좀 풀린 팀장들 사이에서 이런저런 이야기가 나왔고, 결론적으로 이 세 가지로 정리가 됐습니다. "마지막 (광고업계) 독립회사가 죽었고, 파티가 끝났고, 크리에이터들의 로망이 잠들었다." 첫날은 여기까지만 해두고 저녁에는 맛있는 것도 먹고 술도 마시면서 편히 보냈습니다.

다음 날은 오전 10시에 만나기로 합니다. 우리가 후쿠오카까지 왔는데 전략을 세워야지, 일찍부터 움직이자, 이런 건 없어요. 전날 많이 먹고 마셨으니 오전 10시쯤이 딱 좋습니다. 대신 이번에도 모일 때 각자 테이블 위에 놓인 걸 들고 와달라고 부탁했습니다. 이 순간부터 팀장들 마음에는 '이번에는 뭘까?' 하는 기대감이 깃들 거예요. 어제의 경험이 있으니까요.

팀장들이 호텔 식당에서 아침식사를 할 동안 각 방 테

이블 위에 미리 세팅해둔 것은 '모엣 샹동' 샴페인 미니 병과 영화 〈스타워즈〉의 명대사 "MAY THE FORCE BE WITH YOU"가 적힌 메시지 카드였습니다. 그리고 오전 10시, 회의실에는 어제와 달리 풍선을 둥둥 띄워놓고 앞에는 큰 아이스 버킷을 준비해뒀죠. 팀장들이 회의실에 들어섰을 때, 들고 온 모엣 샹동 미니 병을 아이스 버킷에 꽂아두라고 했습니다. 패배의 TBWA는 어제 떠나보냈고 오늘은 새로운 TBWA가 탄생하는 날이니 오늘의 할 일을 마치고 축하하자는 뜻이었죠. 이것이 모엣 샹동 미니 병을 고집한 이유입니다. 새로운 TBWA의 탄생을 축하함과 동시에 팀장들에 대한 존중의 의미가 담겨 있어야 했고, 한 번에 마실 수 있는 크기가 필요했으니까요. 이런 이벤트에는 소주나 맥주, 사케보다는 샴페인이 어울리고요.

그렇게 각자 아이스 버킷에 샴페인을 꽂아두고 잠시 짧은 회의를 거칩니다.

"우리가 어떻게 해야 살아남을까?"

이 질문에 계속되는 실패에 우리가 너무 위축되어 있었다고, 우리의 생각을 보여주기보다 광고주가 뭘 원하는지에 골몰해있었다는 이야기가 나왔고, 이 의견에 모두 동의했습니다. 그리고 팀장들이 찾은 답은 우리 스타일대로, 우리답게 해나가야 한다는 거였죠. 이때 나눈 의견을 쭉 정리해서 나온 결론이 "용감해지자. 해적같이 나아가자"라는 거였습니다. 물론 이 시간이 끝나고 아이스 버킷 안에서 시원해진 샴페인을 따 마셨고요. 이 워크숍 이후 사무실 입구에 "WE GO BOLD OR GO HOME"이라는 프레이즈를 걸었습니다. 그렇게 분위기는 반전됩니다. 팀장들 마음에 지나간 패배가 아니라 앞으로 시작될 날들이 마음에 자리 잡죠. 팀장들 마음에 새바람이 불면 그 바람은 다시 아래로 불게 되어 있어요. 그렇게 전체 분위기가 바뀌는 겁니다.

만약 서울 근교의 적당한 펜션을 잡아서 술이나 진탕 마시고, 아침에 숙취가 덜 깬 상태로 모여서 뭐가 문제였고 승률 4할 이상 올릴 수 있는 전략이 뭐냐, 이런 식으로 워크숍을 진행했다면 크게 달라지지 않았을 거예요. 떠날 때와 마찬가지로 찡그린 인상으로 돌아왔을 것이고, 조급함이나 불안을 떨치지 못했을 겁니다. 팀장들이 그런 상태로 돌아와 팀원들을 마주하면 어떻겠어요? 그 부정적인 감정이 고스란히 전달되지 않겠어요?

머리가 아니라 가슴입니다. 제가 이야기하고자 하는 건 제 자랑이나 TBWA KOREA가 얼마나 좋은 분위기인가 하는 게 아닙니다. 전략이 아니라 정서이고, '무엇을'이 아니라 '어떻게'이고, 사실이 아니라 분위기입니다. 이것이 중요합니다.

내왕국에서 같은자리에 있으려면전 속력으로달 려야한단다

2019년 CD(Creative Director) 워크숍 당시 내걸었던 프레이즈. 시대 변화에 발맞춰 변화하고 적응해야 살아남을 수 있다는 의미를 담았다.

The Best of Us
: 어떻게 개인의 최대치를 끌어낼 수 있을까?

톨스토이는 『부활』에서 이런 말을 했습니다. "인간이란 흐르는 강물과 같다. 어느 지점은 좁고 물살이 빠르지만, 넓고 물살이 느린 곳도 있다. 또 여기서는 맑기도 저기서는 탁하기도 하고, 차기도 따스하기도 하다. 인간도 이와 마찬가지다." 사람의 본질은 잘 변하지 않아요. 하지만 언제나 같은 상태인 것은 아닙니다. 그래서 톨스토이가 말하기를, 저 사람은 나쁜 사람이라고 말하지 말고 저 사람이 지금은 나쁜 상태라고 이해하라고 했습니다. 공감합니다. 저만 보더라도 저는 제가 늘 훌륭하다고 생각하지 않아요. 가끔 훌륭할 때가 있고 대부분은 평범하고 더 많은 경우에는 후집니다. 제가 좋은 상태일 때가 있고 그렇지 않은 상태일 때가 있죠. 그래서 나의 좋은 상태를 어떻게 잡을 것이냐, 어떻게 나를 좋은 상태로 유지할 것이냐, 이것을 고민하고 그렇게 하려고 노력합니다.

저는 "나는 운이 없어. 만나는 사람마다 이상한 사람만 만나"라고 말하는 사람은 자기를 돌아봐야 한다고 봅니다. 반대로 "난 인복이 너무 많아"라고 말하는 사람은 그 사람 본인이 좋은 사람일 가능성이 커요. 예를 들어 제가 A라는 사람을 만났는데 이 사람은 나를 이용하는 것 같고 자꾸 이것저것 부탁하면서 자기 것만 챙기는 것 같아요. 가만히 보니 저뿐만이 아니라 여러 사람에 대한 태도가 비슷해요. 그럼 제가 어떻게 하겠어요? A를 경계하게 될 거예요. 이 사람은 좀 조심해야겠다는 생각이 들고 말도 건조하고 딱딱해지겠죠. 그럼 A는 생각할 겁니다. '어라, 이 사람도 나에게 까칠하네?' 그런데 B라는 사람은 제가 불편하지 않게 배려해줘요. 눈 마주치면서 이야기해보니 믿을 만하다 싶고 마음이 열려요. 그럼 B가 부탁하지 않아도 뭐라도 더 해주고 싶고 흔쾌히 내가 해줄 수 있는 일은 해줄 거예요. 그럼 B는 '아, 내 주변에는 좋은 사람이 참 많아'라고 생각하지 않겠습니까? 이런 이야기입니다.

이 말씀을 드리는 이유는 톨스토이의 말처럼 사람은 같은 상태에 있지 않기 때문에 조직이 그 사람의 최대치를 어떻게 끌어낼 수 있는가, 이걸 고민해야 한다는 말씀을 드리고 싶기 때문입니다. 조직이 구성원을 관리하는 데 있어서 제일 무서운 것은 우리 회사에서는 고과 B를 받은 사람이 다른 회사에 가서 A+를 받는 사람일 수 있다는 점입니다. 팀으로 보면 우리 팀에서 잘하지 못하던 친구였는데 다른 팀에 가서 펄펄 날아다닐 수 있어요. 물론 처음부터 성과를 잘 내는 사람을 뽑으면 좋죠. 그것은 인사팀에서 애쓰고 있습니다. 다만 언제나 성공할 수는 없습니다. 좋은 사람, 능력 있는 사람만 존재하는 건 아니니까요. 그래서 조직이 목표로 삼아야 할 것은 현재 구성원이 자기의 최대치를 발휘할 수 있도록 하는 겁니다. 다른 조직에서 '평타'를 치던 사람이 우리 조직에 들어왔다면 우리 조직에서는 '히트'를 치는 사람이 되도록 어떻게 해야 할지를 고민해야 합니다.

팀원의 최대치를 어떻게 끌어낼 수 있는가, 하는 것은 요즘 젊은 세대가 바라는 '개인의 성장'과도 맞닿아 있는 이야기일 겁니다. 여러 곳에서 이야기했지만 TBWA KOREA는 주니어보드라는 프로그램을 운영하고 있습니다. 광고에 관심 있는 대학생들을 대상으로 한 예비 광고인 실무 참여 프로그램입니다. 이 프로그램에 참여하는 대학생 친구들과 〈망치〉라는 스피치 프로젝트를 진행합니다. 얼마 전부터는 이와 비슷한 프로그램을 LG전자와 진행하고 있어요. 이때도 스피치 프로젝트를 준비했는데 여기에 참여한 한 친구가 이런 이야기를 했습니다. "저는 제가 발전할 수 있는 일이 좋아요." 자기가 하는 일을 통해서 본인이 성장하고 있는지가 중요하다는 말이었습니다.

　실제로 '대학내일20대연구소'에서 조사한 바에 따르면, Z세대는 조직의 성장보다 개인의 성장이, 소속 팀의 성장보다 나의 성장이 더 중요하다고 해요. 이들이 말하는 성장이라는 건 내가 속한 조직, 부서의 성과가 아닙니다. 자기 분야의 전문성을 가지는 것, 업무적으로 이전보다 능숙해지는 것, 할 수 있는 분야가 넓어지는 것이에요. 따라서 조직이 조직의 목표를 달성하는 데만 집중하기보다 내 업무의 특성과 비전을 함께 고민해주기를 바랄 거예요.

　예를 들어 내 팀에 여섯 사람이 있다고 칩시다. 이 여섯 명의 업무 능력은 다 다를 겁니다. 하지만 모든 면이 부족하거나 다 못 하는 사람은 없어요. 단점, 약점이 있는 만큼 저마다 장점, 강점이 있을 거예요. 글보다 말에 강한 사람이 있습니다. 다른 건 몰라도 이야기의 핵심을 잘 잡는 사람이 있고요. 모두가 한 방향으로 골몰할 때 새로운 시각을 던져주는 사람도 있고 보고서는 잘 못 써도 각종 프로그램은 기막히게 잘 다루는 사람도 있죠. 그러니 각자가 가진 장점을 어떻게 잘 살려서 팀의 성과로 만들 수 있을지, 동시에 어떻게 개인의 성과로 만들어줄 수 있을지 고민하는 게 생산적이라는 이야기입니다. 지나간 시절과 비교할 이유도, 다른 팀원과 비교할 이유도 없습니다.

피터 드러커도 "조직의 존재 이유는 평범한 사람들이 모여서 비범한 생각을 할 수 있게 하는 것"이라고 했습니다. 저희 회사에서 제가 강조하는 또 하나의 문구가 "The best of us"인 이유입니다. 나의 최대치를 끌어내자. 후배들의 최대치를 끌어내자. 그걸 어떻게 할 수 있느냐, 이것이 제일 중요하다는 겁니다.

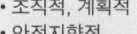
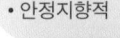

• 조직적, 계획적
• 안정지향적

• 소극적
• 글을 잘 씀

• 미감이 좋음
• 말이 많음

• 박학다식
• 느림

• 발상이 독특함
• 다소 산만함

• 언변이 뛰어남
• 개인주의적

어떻게 해야 팀원들의 장점을 살려서 팀과 팀원의 성과를 만들 수 있을까?

모티베이션을 어떻게 부여할 수 있을까?

광고 회사는 이직이 심한 곳입니다. 반면 TBWA KOREA
는 이직률이 매우 낮은 편입니다. 그만큼 빈 자리가 잘 나
지 않죠. 이직률이 높지 않다고는 하지만 저로서는 어떤 후
배를 만났을 때 이 사람과 얼마나 오래 일할지는 알 수 없
습니다. 그 기간이 3년이 될지 10년이 될지 모르죠. 하지만
누구를 만나든 한 가지를 목표로 세웁니다. '이 사람의 정
점이 나와 있을 때 나오도록 한다.' 그리고 이 사람이 나중
에 어디에 있든 '박웅현과 일할 때가 좋았어, 제일 재미있
었어,라고 생각할 수 있게 한다.' 이게 제 목표입니다. 그리
고 어떻게 이 목표를 달성할 수 있을지 방법을 찾습니다.

저는 그 방법의 가장 기본이자 중요한 점은 상대에게
자발성을 확보해주는 것이라고 생각합니다. 예를 들면 이
런 겁니다. 저희 같은 대행사는 광고주로부터 광고를 의뢰

받고 아이디어를 내는데, 이 아이디어를 실현해줄 감독을 외부에서 찾아서 일을 맡깁니다. 이 외주 감독은 우리 회사 직원이 아닙니다. 그 사람은 우리 프로젝트에서 매우 중요한 사람이지만 외주 감독이니 저희 일만 하지 않아요. 동시에 다른 회사의 일도 진행하죠. 예를 들어 이노션, 제일기획 광고 작업도 함께 하고 있어요. 당연히 다른 회사의 CD와도 일합니다. 유명한 감독일수록 함께 일하는 사람이 많겠죠? 그럼 그 감독에게 있어 저는 n분의 1 정도의 지분을 차지할 겁니다. 여기에서 제 목표는 어떻게 하면 이 감독이 심정적으로 여러 가지 일 중에서 내 광고를 최우선으로 둘 수 있게 할까,입니다.

무조건 저희 일을 최우선으로 해달라고 조르거나 강요할 수 없습니다. 감독이 뭘 어떻게 하든 다 좋다고 하는 것은 프로답지 못하죠. 그런 태도는 오히려 신뢰를 잃을 수 있어요. 반대로 지나치게 개입하거나 지시하면 '아, 이 사람과 일하면 시키는 대로 하기만 하면 되는구나' 하고 수동적으로 일할 거예요. 제가 중요하게 생각하는 것은 이 사람이 자발적으로 우리 일을 잘하고 싶어지도록 하는 겁니다. 그러려면 이 작업이 감독 자신에게도 중요한 일이라고 인식하게 해야 하죠. 그래서 저는 그럴 수 있도록 의미를 부여합니다. "감독님, 저희가 □□ 기업과 지속해서 비즈니스를 하고 있고, 이번 작업이 굉장히 중요합니다. 그쪽 대표가 주목하고 있는 광고이기도 하고요. 잘 찍어 두면 이 기업 광고는 감독님 포트폴리오에도 유의미하게 들어갈 거예요." 즉, 이 광고가 단지 돈을 받고 하는 작업만이 아니라 감독 자신의 이력에도 남을 수 있는, 도움이 될 수 있는 일이라는 걸 강조해줍니다.

어느 치킨 브랜드 광고를 맡았을 때의 일입니다. 음식 광고는 시즐sizzle 촬영을 많이 하는데요. 시즐은 제품의 핵심 포인트가 될 만한 장면을 아주 맛있게 보이도록 하는

광고 기법입니다. 그런데 치킨은 이 시즐 촬영이 쉽지 않아
요. 미국이나 일본에는 촬영 노하우가 꽤 많은데 한국은 그
렇지 않을 때였어요. 그래서 일본 로케를 결정했고, 감독은
국내에서 섭외했습니다. 젊은 감독으로 시즐 촬영은 한두
번 정도 해본 사람이었죠. 기존에 작업했던 것을 쭉 살펴보
니 시즐 작업은 퀄리티가 아주 좋은 편은 아니었어요. 그때
이 감독에게 이야기했습니다.

　　"감독님, 이번에 잘 찍어서 앞으로 우리나라에서 시
　　즐 광고 건은 감독님에게 연락 오게 만들어 보죠. 한번 해
　　봐요, 우리."

　　그리고 정말 그 광고 이후에 이 감독에게 시즐 촬영 의
뢰가 많이 들어왔다는 이야기를 들었습니다.
　　어떤 방식으로든 개개인에게 필요한 점을 고려해서 동

기를 유발하는 겁니다. 저는 사람들을 만나서 함께 일할 때 이런 목표를 가지고 일합니다. 그게 그 사람만이 아니라 제 팀, 제 본부, 회사에도 도움이 되기 때문입니다. 결국 상대가 누구이든 간에 그 사람에게 모티베이션을 어떻게 줄 것인가, 이것이 중요합니다. 사람들이 어떻게 자발적으로 일할 수 있느냐를 만들어주는 게 조직 문화에서 굉장히 중요한 부분입니다. 그리고 이것은 조직에서 어떻게 창의성이 발현되는가와도 연관이 있습니다.

3장.

조직에서 발휘되는
창의성

: 문제 해결을 위한
답을 찾아서

문제 해결을 위한 창의성
: "예술은 표현이고 디자인은 배려다."

업무를 넘어 조직에서, 조직 문화에서도 '창의성'은 필요합니다. 다만 이때의 창의성은 영화감독이나 미술가의 창의성과는 의미가 다릅니다. 제가 만일 마르셀 뒤샹이라면 변기를 걸어놓고 샘이라고 주장할 수 있겠죠. 앤디 워홀이라면 캠벨 수프를 액자 안에 넣어둘 겁니다. 예술가로서 생각하는 바를 주장하고 표현하는 거예요. 하지만 저는 광고인입니다. 제가 변기를 작품이라고 주장하면 제 광고주는 저를 떠날 겁니다. 하지만 예술가가 아닌 광고인에게도 창의성은 필요해요. 그래서 광고인, 직업인으로서의 창의성이 뭘까 고민해보니 저에게 필요한 창의성은 예술이 아니라 디자인에 가깝더라고요. 이 생각이 다음의 한 줄로 정리됐습니다.

예술은 표현이고 디자인은 배려다.

정보의 디자인이건 광고의 디자인이건, 안경이나 의자와 같은 상품의 디자인이건, 디자인은 모두 '배려'가 있어야 합니다. 받아들이는 사람, 실제 소비자(사용자)에 대한 배려가 밑바탕에 깔려 있어야 해요. 그러니 무엇보다 소비자의 문제를 정확히 정의하는 것이 창의성의 시작입니다.

즉, 발신자sender, 메시지, 수신자receiver가 있을 때 발신자의 주장이 강한 것이 예술이라면 수신자에 대한 배려가 더 강해야 하는 것이 디자인입니다. 광고의 창의성은 바로 수신자, 즉 소비자가 어떤 상황이고 어떤 상태로 이 메시

예 술

메시지

발신자　　　　감상/해석　　　　수신자

디 자 인

메시지

발신자　　　　구매　　　　수신자

지를 받을지에 대한 배려를 바탕으로 합니다. 그러자면 먼저 문제를 정확히 정의해야 합니다. 이 일을 기업 컨설팅으로 치환한다고 해도 마찬가지입니다. 가령 한 기업이 자사의 조직 문화에 변화를 주고 싶어서 조직문화연구소에 작업을 의뢰했다고 쳐요. 그럼 조직문화연구소에서는 이 회사가 어떤 목적을 가지고 이 일을 의뢰했는지, 어떤 목표를 가졌는지, 문제 해결을 위해 어떤 방향성을 가져야 하는지, 예산은 얼마나 잡아야 하는지 등을 세밀하게 분석합니다.

일종의 건물을 짓는 일과 마찬가지입니다. 우리는 우리가 일하는 건물이 어떻게 지어졌는지 몰라요. 화장실이 왜 저 위치에 있고, 엘리베이터가 왜 그 위치에 있는지 모르죠. 하지만 건물을 디자인하는 사람들은 이 건물을 이용할 사람들을 생각합니다. 어떤 사람들이 어떤 목적으로 이용할지, 엘리베이터가 이 위치라면 입구는 어느 쪽이어야 하는지, 화장실은 어느 편에 있어야 하는지, 비상구 계단은 어디에 있어야 더 좋을지 같은 것을 총체적으로 고민하고 설계합니다. 자동차, 가구, 가전제품 등 모든 상품은 기획 단계에서부터 사용자를 고려하여 디자인하고 기능을 집어넣어요. 즉, 예술이 아닌 세계에서는 창의성을 위한 창의성이 아니라 문제 해결을 위한 창의성이 발휘되어야 합니다.

아이디어는 어떤 과정을 거쳐서 나오는가

왕관이 진짜인지 가짜인지 알아내라는 왕의 지시를 받은 아르키메데스가 목욕탕에서 그 방법을 찾고 '유레카'라고 외쳤다는 일화는 모두 아실 겁니다. 이 짧은 일화에서 제가 주목하는 건 세 가지입니다. 왕의 지시가 있었다는 것과 방법을 찾은 곳이 목욕탕이었다는 것, 아르키메데스가 목욕탕의 물이 넘치는 걸 보고 문제와 연결했다는 사실입니다.

먼저 왕의 지시가 있었다는 건 기한이 있었다는 겁니다. 어떻게든 주어진 시간 안에 답을 찾아서 왕에게 전달해야 해요. 보통 시험이 가까워져 오면 집중력이 늘고, 마감이 가까워지면 그전까지 생각나지 않았던 것도 생각이 나기도 하잖아요? 일종의 마감력입니다.

한편 중국에서 시인들이 시상이 떠오르는 장소로 세 곳을 얘기했다고 하는데요. 마상馬上 측상厠上 침상寢牀입니다. 말 타고 갈 때, 화장실에서, 잠자기 직전이죠. 시상이 떠오른다는 것은 창의적인 발상을 한다는 것과 같은데, 이 세 장소의 공통점은 소위 '정신줄'을 놓을 수 있는 곳입니다. 아르키메데스의 목욕탕도 마찬가지라고 봐요. 팽팽해졌던 신경을 이완시킬 수 있는 곳입니다. 즉 힘을 빼라는 이야기예요.

다만 고민이 99도까지 끓어오른 상태여야 합니다. 아르키메데스는 왕의 지시를 받고 뭘 하든 그 고민을 하고 있었을 겁니다. 다만 그 문제를 풀겠다고 책상 앞에 앉아 있기만 하지는 않았던 거죠. 머릿속에는 그 문제가 계속 떠돌고 있었을 겁니다. 그랬기 때문에 목욕탕의 물이 넘쳤을 때, 그 현상을 문제와 연결할 수 있었던 거고요. 목욕탕이라는 장소는 그저 물이 끓을 수 있는 1도를 채워준 겁니다.

제 경우를 예로 들어볼게요. SK브로드밴드의 CI 캠페인을 준비할 때였는데 아이디어 회의를 많이 했지만 정리는 잘 안 될 때였어요. 답을 찾지 못해 답답한데 커피나 한 잔 마셔야겠다는 생각에 잠시 카페에 들어가 앉아 있었죠. 그런데 그때 툭 "See the unseen"이라는 슬로건이 떠오른 겁니다. 이 슬로건이 최종적으로 결정되기까지는 또 다른 이야기가 있지만, 일단 이 문구가 떠오른 곳은 책상 앞이 아니었어요. 그래서 저는 좀처럼 아이디어가 떠오르지 않을 때 후배들에게 이야기합니다. 우리의 무의식을 믿자고요. 그리고 회의하는 대신 제때 퇴근합니다.

재미있는 건 은행 광고를 하면 매일 지나는 거리에 어떤 은행이 있는지가 눈에 들어온다는 겁니다. 그전에는 거기에 은행이 있는지도 몰랐는데요. 아이가 초등학생일 때는 거리에 지나다니는 초등학생들이 보이고, 아이가 중학생이 되니 중학생들이 보입니다. 버스를 타고 멍하니 차창 밖을 보다가, 사람들을 보다가도 어떤 장면이 어느새 진행해야 하는 광고 일과 연결됩니다. 어느 순간에 아이디어가 떠오를지 모르지만 제가 마주치는 모든 것이 진행 중인 프로젝트와 연결되는 거죠. 다시 말해서, 기한을 두고 고민은 숙성시키되, 긴장은 풀어야 한다는 겁니다.

일머리, 프로세스를 관리하는 능력

광고는 아이디어 싸움이라는 말이 있습니다. 광고뿐만 아니라 창작과 관련한 일들이라면 모두 해당하는 이야기일 겁니다. 조금만 더 붙들고 있으면 더 괜찮은 아이디어가 나올 것 같고, 조금 더 시간을 들이면 퀄리티가 더 좋아질 것 같아요. 실제로 그렇게 일하는 분들도 있고, 그와 같이 일하는 방식도 존중합니다. 하지만 저는 정해 놓은 시간, 그때까지 나온 것이 최선이라고 생각해요. 그 이후에 어쩌면 혹시 나올지 모르는, 아직 내게 오지 않은 것까지 나의 최선이라고 생각하지 않습니다. 그게 제가 일하는 방식입니다. 앞서 언급한 '마감력'과도 연관된 이야기입니다.

예전부터 저희 팀은 야근이 없는 팀으로 유명했는데요. 이렇게 일하려면 '일머리'가 필요합니다. 일머리라는 건 일종의 프로세스를 관리하는 능력이에요. 경쟁 PT는 엄혹한 게임입니다. 제가 7년 차까지는 경쟁 PT가 목요일 오전 10시라면 그 전날인 수요일은 밤을 새우는 것이 당연한 분위기였어요. 그게 이해가 되지 않았죠. 사실 목요일 오전

10시로 기한이 잡혔다면 PPT는 언제까지 나와야 하고, 동영상은 언제까지, 녹음은 언제까지 끝나야 한다는 일정이 나와요. 즉 전체 마감을 위해서 요소별 마감일과 마감 시간이 있다는 겁니다. 그 안에서 최대치를 뽑아내야 하고, 마감 시간을 지키면 되는데 그러지 못해서 혹은 하지 않아서 전날까지 밤을 새우게 되는 거예요. 그래서 저는 팀장이 된 이후로 경쟁 PT가 잡히면 그 일정을 역으로 계산해서 프로세스를 잡았습니다. 자는 시간, 주말, 쉬는 날은 다 뺐고, 필요한 부분마다 마감일과 마감 시간을 지키려고 했어요. 이렇게 일하면 제때 퇴근하고 주말에 쉴 수 있습니다. 그래서 경력직으로 TBWA KOREA에 온 사람들이 처음에 가장 놀랐던 것이 경쟁 PT 전날 퇴근하는 거였어요.

대신 그만큼 주어진 시간에는 밀도 높게 일합니다. 허투루 쓸 시간이 없어요. 회의도 마찬가지죠. 자유로운 분위기로 회의하지만 이야기의 속도가 붙기가 시작하면 정신 차려야 해요. 잠시 딴생각을 하면 이야기의 흐름을 놓쳐요. 어쨌든 이런 방식으로 일하면 실무자로서는 제때 일하고 쉴 수 있어서 좋기도 하지만 이런 경험을 해보지 않은 경력사원이라면 불안하기도 할 거예요. 하지만 팀을 이끌고 가는 사람이 이렇게 프로세스를 관리하면 팀원들은 따라올 수밖에 없어요. 처음 경험해보고 힘들다고 하던 사람들도 하다 보면 익숙해집니다. 일의 전 과정을 보고 관리할 수 있는 능력도 키울 수 있고요. 만약 이런 방식으로 일해서 PT에서 떨어지는 일이 반복됐다면 저는 아마도 광고 일을 그만뒀을 겁니다. 거기까지가 제 최선이라고 생각하니까요. 하지만 저희 팀은 이런 방식으로도 큰 경쟁 PT를 여러 번 따냈고, 지속해서 광고를 만들어왔어요.

무엇보다 이런 프로세스 관리 능력은 여러 사람과 함께 일할 때 꼭 필요하다고 생각합니다. 누군가 한 사람이 아직 찾아오지 않은 아이디어 때문에 일을 붙들고 있으면 일이 제때 진행될 수 없어요. 늦어도 내일은 영상 작업에 들어가야 하고, 녹음 일정도 잡아야 하는데 팀장이 더 좋은 카피가 나올지 모르니 오늘 밤까지 좀 더 생각해보자, 고민해보자, 하면 어떻게 되겠어요. 모두를 힘들게 하는 일이에요. 나의 일정과 일상만 어그러지는 게 아니라 이 프로젝트를 함께하는 사람들까지 힘들어지죠. 그래서 저는 조직에서 여러 사람과 일하는 데는 일머리가 필요하다고 봅니다. 프로세스를 관리하는 능력이 필요해요.

창의성이 시작되는 공간, 회의실

조직 안에서 특출하게 창의적인 사람은 드뭅니다. 능력자라고 해도 언제나 혼자서 문제를 해결할 수는 없어요. 무엇보다 조직에서 해결해야 하는 문제는 규모가 작지 않죠. 가령 광고는 미디어 환경과 밀접한 분야이고, 이 일을 하자면 미디어 전문가의 의견을 듣지 않으면 안 됩니다. 저는 제 클라이언트가, 광고주가 어떤 상태에서 어떤 역사를 가지고 어떻게 일을 해왔는지 알 수 없어요. 하지만 그 상황을 알지 못하면 정확한 판단을 내릴 수가 없죠. 그러니 그 회사나 제품을 잘 알고 있는 사람들의 의견이 필요합니다. 디자인 작업만 해도 제가 광고 일을 오래 해왔고 미술에 관심이 많으니 디자인이나 색에 대해 나름의 감이 있지만 저희 회사의 아트디렉터만 하지 못해요. 아트디렉터는 어릴 때부터 선 하나, 색 하나를 민감하게 보고 공부하면서 살아왔을 테니까요.

무엇보다 조직에서의 대부분의 일은 한 개인의 창의력에 기대어 해결할 수 있는 규모가 아닙니다. 영화 제작과 마찬가지라고 생각해요. 영화를 만들어 본 적은 없지만 짐작할 수는 있어요. 가령 제가 시나리오를 한 편 썼다고 해도 그 시나리오를 실제 영화로 구현하려면 여러 파트의 전문가가 필요합니다. 제작을 담당할 팀도 필요할 거고, 조명과 카메라 팀도 있어야 해요. 시나리오에 맞는 장소를 섭외할 팀도 있어야 하고 의상, 미술을 담당할 팀도 필요합니다. 내가 카메라도 좀 알고 조명도 좀 알아, 의상과 미술도할 수 있어, 이런 사람이 어디 있겠어요.

영감이 특별한 한 사람에게만 오는 게 아닙니다. 저에게 올 수도, 후배에게 올 수도 있어요. 그뿐만 아니라 위에서 말한 것처럼 각자 전문 분야, 잘하는 영역이 있습니다. 그래서 회의가 필요합니다. 회의실에 열 명이 들어온다면열 명이 각자의 경험, 각자의 전문 분야를 가지고 들어오는거예요. 이렇게 모여서 이야기를 나누는 것이 혼자서 고민할 때보다 문제를 해결해나가는 데 훨씬 도움이 됩니다. 혼자 한 가지 방향으로만 골몰할 때 누군가가 다른 생각으로시선을 바꿔주기도 하고, 누군가의 뜻하지 않은 한마디에 새로운 아이디어로 나아가기도 하죠.

그래서 저희는 어떤 문제를 풀어야 하는데 방법을 모르겠을 때, 아이디어를 내야 하는데 나오지 않을 때, 카피를 써야 하는데 좀처럼 써지지 않을 때, 어디에서도 답을 못 찾겠다 싶을 때, 회의합니다. 단 이 회의에서는 의견이 자유롭게 오갑니다. 그렇게 50분 회의를 하고 나면 각자 답을 찾거나 방향을 찾아서 회의실을 나옵니다. 그래서 회의를 마치고 나올 때 자주 하는 말이 "야, 이거 우리 천재 아니야?"예요. 회의에 들어갈 때는 아무것도 없이 들어갔지만 회의를 하면서 무엇인가가 몽글몽글 올라오고, 실마리를 찾아서 나오는 거죠. 이 생각을 어떻게 발전시켜보면 되겠다, 하는 정도의 것이라도 상관없어요. 생산적인 방향으로 변화가 일어나는 겁니다. 그래서 저는 회의실을 진짜 기적 같은 공간이라고 봅니다.

회의는 밀도 있게, 기록은 확실하게

회의는 길게 하지 않습니다. 한번 생각해보세요. 5시간째 회의를 하고 있고 참석자 모두 스트레스를 받고 있어요. 그 상태에서 아이디어를 짜내려고 안달복달한다고 아이디어가 나올까요? 그렇지 않을 거예요. 그래서 저는 회의를 50분 이상 하지 않습니다. 부득이 길게 해야 하는 경우라면 적어도 50분 회의하고 10분 쉬고, 다시 50분 회의하는 식으로 중간에 쉬는 시간을 둡니다. 이 쉬는 시간 사이에 회의실의 공기를 바꿉니다. 물론 회의하느라 푹 빠져서 두세 시간이 흐르는 걸 모를 수도 있어요. 누군가에게는 그게 좋아 보일 수도 있고요. 혹은 아주 많이 집중해서 깊이 들어가야 하는 회의는 쉬지 않고 하는 게 나을 수도 있습니다. 하지만 새로운 아이디어가 나와야 하는 작업이라면 이런 방식의 회의는 크게 권하지 않습니다.

그래서 후배들에게 이 이야기를 종종 합니다.

"내일 회의하자. 아이디어가 없으면 그냥 와도 돼. 다만 늦지 말아줘. 숙취에 시달리면서 오지 말고 최상의 컨디션으로 와 줘."

컨디션이 좋지 않으면 회의에 제대로 참여하지도 못하고 머리도 제대로 기능하지 않을 거예요. 다른 사람의 의견이 잘 들리지 않고 좋은 방향으로 시너지가 나지도 않아요. 멍한 상태로 자리만 지키고 있게 될 확률이 높죠. 그러니 최대한 좋은 컨디션으로 회의에 참석해달라고 부탁합니다.

한 가지 규율은 회의록을 쓴다는 겁니다. 누가 무슨 얘기를 했고, 어떤 얘기가 오갔는지 간단하게 회의록을 적습니다. "공중에 흩어지는 말을 붙잡아두는 게 글이다." 민음사 故 박맹호 회장이 했던 말씀입니다. "공중에 흩어지는 생각의 파편들을 붙잡아놓는 것이 회의록"이에요. 그래서 회의할 때는 크게 주목하지 않았는데 다음 날 회의록을 보면 우리가 이렇게 멋진 말을 했었나? 하는 경우가 꽤 있습니다. 첫날 잠깐 나왔던 아이디어가 회의록을 써놓지 않았다면 증발했을 텐데 네 번째 회의에서 회의록 덕분에 다시 살아나기도 하죠.

앞서 잠깐 언급한 〈See the unseen〉 캠페인 때의 이야기입니다. 첫 회의에서 디자이너가 "무슨 이야기를 해도 보라색이 떠올라요"라는 겁니다. 그때는 의미 없는 이야기였어요. 그래도 회의록에 "보라색"이라고 써놨습니다. 그리고 마지막 회의쯤, 슬로건은 이미 "See the unseen"으로 정해진 다음이었고 컬러는 가장 신비로운 색을 사용하면 좋겠다 싶었는데, 회의록을 쭉 살펴보니 첫 번째 회의 때 적어놓은 보라색이 보여요. 슬로건과 붙여 보니 딱 맞더라고요. 그래서 당시 그 광고의 전체적인 컬러와 톤은 보라

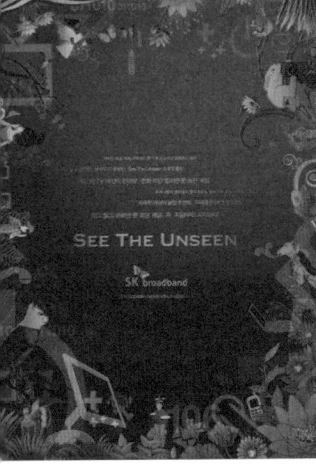

색이 됐습니다.

〈진심이 짓는다〉 광고 역시 디자이너가 첫 회의에 ABCD 알파벳 글자를 조형물로 만들어놓은 것 같은 이미지를 들고 왔어요. 이 이미지를 일단 벽에 툭 붙여놓았죠. 처음에 그 이미지만으로 무슨 이야기가 나오겠어요. 그러다 슬로건이 "진심이 짓는다"로 정해졌고 다시 보니 그 이미지가 벽에 남아 있었어요. 그걸 보고 설계도로 이 슬로건의 글씨를 그려보자는 얘기가 나왔고 실제로 그 방향으로 구현됐죠.

아이디어는 회의실에서 자란다

아이디어는 벽돌이 아니라 씨앗입니다. 씨앗의 특징은 계속 변해나가는 거예요. 위에서 말한 방식으로 회의를 해보면 카피, 디자인 모두 처음 상태와 최종 상태가 달라집니다. 씨앗입니다. 다만 처음에는 이것이 씨앗인지 작은 자갈인지 알 수 없어요. 그래서 일단 심어보는 겁니다. 첫 회의에서 디자이너가 보라색을 이야기할 때 난데없이 무슨 보라색이야, 하고 밟아버리면 그건 돌이 됩니다. 무엇이 될지 모르니 일단 심어보고, 물을 주고, 그러다 보면 싹이 올라와요. 그러면 얘가 크려나? 하는 거죠. 물론 그렇게 싹을 냈다가 더 자라지 않는 것도 있습니다. 어떤 아이디어는 시작은 미약하지만 끝이 엄청날 수도 있고요.

회의해보면 이런 씨앗이 여러 개 나오고, 아이디어 덩어리가 될 만한 것들이 생겨요. 예를 들어 그런 아이디어 덩어리가 4개 있다고 칩시다. 첫날은 A가 5cm 정도 되고 B, C, D는 2cm 정도 되는 것 같아요. 서너 번 회의를 거치고 나면 1번은 3cm 정도로 줄었고, B, C는 2cm에서 자라지 않았는데 D가 훌쩍 10cm로 자란 경우가 있어요. 그럼 그렇게 끝일까요? 아뇨. 마지막까지 알 수 없는 거예요. 자라지 않던 B가 어느 순간 어떤 계기로 최종 아이디어가 되기도 하니까요.

저는 '유기체'라는 단어를 참 좋아합니다. 메카닉이 아니라 오가닉이죠. 오가닉은 열린 시스템입니다. 그래서 예측이 안 되고 변화가 계속 생겨요. 인간과 마찬가지로 회의도, 회의실도 유기체와 같다고 생각합니다. 회의를 통해서 아이디어가 계속 변화해나가니까요. 따라서 회의에 참석하는 사람들은 직급, 직책을 막론하고 이런 회의의 흐름을 만들어내야 하고 또 받아들일 준비가 되어 있어야 합니다.

회의에서 리더에게 필요한 태도

그럼 이런 회의를 만들기 위해 리더에게 무엇이 필요할까요? 저는 회의를 주재하거나 이끌어가는 사람에게 필요한 것으로 맑은 머리와 열린 마음을 이야기합니다. 팀원들에게 좋은 컨디션으로 회의에 들어와달라는 말은 리더에게도 적용됩니다. 솔선수범해야 한다는 이야기입니다. 리더의 머리가 맑아야 팀원들의 이야기를 잘 들을 수 있고 회의 흐름을 볼 수 있어요. 연결되지 않을 것 같은 의견들의 맥을 잡아서 이어줄 수도 있고, 이야기가 엉뚱한 방향으로 흘러갈 때 방향을 잡아줄 수 있습니다. 잡아내고 이어주고 걷어내는 일을 잘하려면 맑은 머리가 필요합니다.

열린 마음은 말 그대로 마음을 열고 회의 구성원들이 편하게 말할 수 있도록 해주는 것을 말합니다. 좀 더 뒤에서 말씀드릴 '견문연행'의 '문聞'과도 연결되는 부분입니다만, 회의실에서 웃음소리가 끊이지 않도록 해야 합니다. 팀원들이 회의실에 들어가면서 한숨 쉬며 오늘 또 혼나겠네, 무슨 지적을 들으려나 하는 마음이면 그 회의가 어떻게 진행되겠어요. 하지만 오늘 회의 때는 무슨 재미있는 이야기가 나올까, 회의가 끝나면 어떤 결과를 가지고 나오게 될까 같은 마음이면 흔쾌히 회의실 문을 열 거예요. 저는 이런 분위기를 만들어주는 것이 회의를 이끌어가는 리더의 역할이라고 봅니다.

아이디어는 "기한이 2주 남았는데 아이디어 좀 내 봐. 오른쪽부터 쭉 돌아가면서 말해 봐." 이런 식으로는 나오지 않습니다. 회의 구성원의 머리와 마음이 유연해져야 해요. 그래서 저는 회의 때 회의 주제와 관련 없는 질문을 던지기도 합니다. "어제 아이랑 뭐 하고 놀았어?" "요즘 무슨 책 읽어? 그 책에서 뭐가 좋았는데?" "어떤 OTT 이용해? 거기에서는 뭐가 재미있어?" 이런 식으로 이야기를 시작하죠. 하지만 머릿속 안테나는 서 있습니다. 어떤 단어가 나와도, 어떤 이야기가 나와도 모두 회의 주제와 연결됩니다. "아, 요즘 애들은 그렇게 놀아? 그 포인트를 이 광고랑 이렇게 연결해볼 수 있지 않을까?" "그 책 이야기랑 아까 그 영화 이야기를 연결해서 녹여보면 어때?"로 이어집니다. 제시한 방향에 구성원이 동의한다면 아이디어에 싹이 트기 시작하죠. 아니라면 "그건 말이 안 돼요"가 되는 거고요. 말이 안 된다고 하면 내려놓고, 좋다고 하면 좀 더 찾아 들어가 봅니다. 이런 방식의 회의를 하려면 리더부터 마음을 열고 귀를 열어야 합니다. 그래야 구성원들도 편안히, 자유롭게 자기 의견을 이야기할 테니까요.

거기에서 좀 더 들어가 보면 야단치는 일은 지양하고 칭찬은 크게 하는 게 낫습니다. 누군가가 회의의 맥락에서 벗어난 이야기를 하거나 분위기를 흐리는 말을 하더라도 야단치거나 핀잔을 주지 않아요. 그저 그 말은 흘러가게 두고 회의의 방향을 다시 잡습니다. 그러다 보면 자연스럽게 불필요한 말은 줄어들어요. 대신 누군가가 좋은 의견을 냈다면, 호들갑이라고 할 만큼 칭찬해줍니다. 그럼 어떻겠어요? 구성원들은 아이디어가 떠올랐을 때 망설이지 않고 이야기할 거예요. 어떤 아이디어든 그것이 좋은지 아닌지는 머리 밖으로 나와야 알 수 있어요.

또 한 가지 더하자면 리더 역시 자기 위치에서 회의에 어떻게 이바지할지 고민해야 합니다. 30년 차인 저는 이제 광고 실무에 거의 관여하지 않습니다만, 간혹 후배들의 요청으로 회의실에 들어갈 때가 있습니다. 그럼 제 위치에서 그 회의에 어떻게 이바지할까 고민합니다. 후배들이 저를 부른 것은 새로운 아이디어를 달라는 게 아니거든요. 30년 차인 제가 회의실에 들어가서 새로운 아이디어랍시고 이것저것 쏟아내면 후배들은 30년 차 선배의 아이디어이니 뭐라고 할 수도 없을 거예요. 이런 점을 경계합니다. 그래서 지금도 후배들 이야기를 쭉 들어보면서 중요한 게 무엇인지 짚어주는 것으로 제 역할을 합니다. 혹 제 생각의 방향이 명확해도 제 아이디어로 제시하지 않습니다. 제가 생각한 방향에 확신이 들 때, "아까 그 이야기랑 이 이야기를 연결하면 나는 이렇게 될 것 같은데, 한 번 더 생각해봐도 좋겠어" 정도로 방향을 잡아줄 뿐이죠.

사실 임원급 이상은 아이디어를 내지 않는 게 낫습니다. 후배들이 내는 아이디어가 있고, 그것이 좋으면 칭찬해주면 돼요. 임원급은 사원이나 대리가 하지 못하는 것들을 해줘야 하죠. 가령 다른 임원진을 설득해야 한다거나, 예산을 확보해야 한다거나, 유관 부서의 도움을 받아야 한다거나, 클라이언트의 동의를 받아야 한다거나, 관공서에 연락해서 규제를 풀어야 한다거나 하는 일들입니다. 이런 일은 사원이 하기 힘든 일이니까요.

한 번은 저희 회사에서 광고주가 따로 없는, 공익 차원의 광고 아이디어 회의를 했을 때의 일입니다. 여러 가지 아이디어 중 하나가 '유기견 분수'였어요. 분수에 유기견 모양의 상을 세우고 그 앞에 그릇을 놓자고요. 사람들이 보통 분수에 소원을 빌면서 동전을 던지잖아요. 유기견 동상 앞의 그릇에 동전이 들어가면 강아지 짖는 소리가 나고, 거기에 모인 동전은 동물보호단체에 기부하자는 아이디어였어요. 후배들이 가지고 온 회의 내용을 들어보니 좋더라고요. 디자인도 잡아 왔는데 아주 예쁘게 잘 나왔고요. 다만 이 아이디어를 실현하려면 광고주가 필요한데 찾기가 어려웠어요.

그때 한 친구가 주말에 쇼핑하러 아웃렛에 갔다가 분수를 보고 이런 장소라면 사람들이 더 쉽게 모여 들겠다고 생각했다고 하더라고요. 들어보니 거기가 딱 좋을 것 같았어요. 다만 이 아이디어가 실행되기까지의 과정이 눈에 보여요. 저희 직원이 그 아웃렛에 연락해서 기획안을 보내면 그쪽 담당자가 팀장에게, 팀장이 상무에게, 상무가 전무에게, 전무는 대표이사에게 전달하고 결재를 받아야 할 거예요. 그 기간이 빨라도 두 달 정도는 걸릴 것 같은데 그럼 이 아이디어는 실행될 것 같지 않았죠. 이럴 때 제일 좋은 건 윗사람의 전화 한 통입니다. 그래서 그쪽 대표이사실로 바로 전화를 걸었고, 대표이사에게 이 프로젝트를 소개한 후에 상대방으로부터 좋은 뜻에 동참하겠다는 답을 받았습니다. 그렇게 3분 만에 상황이 정리됐어요. 저는 그 아이디어 회의에 참석하지 않았지만 그게 그 회의에 대해 제가 해야 하는 역할이었던 겁니다.

견문연행 見聞軟行

창의성과 관련하여 마지막으로 정리해보면, 30년 가까이 광고 일을 해오면서 잡은 화두는 '견문연행', 이 네 가지라는 겁니다. 앞에서 말씀드린 이야기들이 이 네 가지와 연결되어 있고, 제 직상 생활은 이 순서대로 흘러왔습니다.

10~15년 차에는 견見이 중요했고, 10년 차부터는 팀 회의할 때 문聞이 중요했어요. 그다음 조직 규모가 커지면서 연軟이 중요하다는 걸 알았습니다. 그리고 실행行의 중요성은 시기마다 다른 형태로, 그때부터 지금까지 느끼고 있습니다.

견見

'견'은 개인의 창의성과 좀 더 밀접해 있는 글자입니다. 감동하는 능력을 갖추기 위해 잘 들여다보라는 거예요. 제가 자주 이야기한 '시이불견 청이불문視而不見 聽而不聞'입니다. 흘려보고 흘려듣지 말고 깊이 보고 깊이 들으라는 말입니다. 많이 아는 것보다 음악 한 곡을 들으면서, 책 한 줄을 읽으면서, 노래방에서 노래 가사를 보면서, 가로수를 보면서, 노인의 주름을 보면서 감동할 줄 아는 능력이 '견'입니다. "창의적인 사람들은 모든 사람이 보는 것을 보고 아무도 생각하지 않는 것을 생각한다." 제가 종종 인용하는 『생각의 탄생』의 문장입니다. 도종환은 '담쟁이'에 감동하고, 김훈은 '수박'에도 감동해요. 그런 능력이 있어야 한다는 겁니다.

그렇다면 이 감동하는 능력이 왜 필요할까요? 어느 북토크에서 마케팅에서 가장 중요한 게 무엇이냐는 질문을 받은 적이 있습니다. 마케팅이든 광고든 사람들 마음을 사로잡아야 하는 일입니다. 마케팅 이론이 아니라 사람의 마음을 건드릴 수 있는가, 이게 중요한 거예요. 가령 "나를 얼마나 사랑해?"라고 묻는 것과 "바쁠 때 전화해도 내 목소리 반갑나요(이선희, 〈알고 싶어요〉 가사)"라고 묻는 것은 다르죠. 어느 쪽이 마음에 파장을 일으킬까요? 이 차이를 만들 수 있어야 합니다. 결국 마케팅이든 광고든 조직이든 사람들의 울림판을 건드려줘야 한다는 이야기입니다. 모든 일이 고객에세 감동을 줘야 하고 내 상사, 후배, 팀원에게 감동을 줘야 하는 일이에요.

단, 제가 말씀드리는 감동은 꼭 눈물이 나는, 그런 의미의 감동이 아닙니다. 말 그대로 '마음의 움직임'이 있다면 감동한 거예요. 한 후배가 추운 겨울에 시골에 내려갔는데, 할머니가 "어서 와, 춥지" 하시며 아랫목에서 코카콜라를 꺼내 주셨대요. 이런 이야기 들으면 마음이 뭉클하죠. 비발디의 〈사계〉를 들으면 선율이 마음에, 머리에 꽂혀요. 이런 게 감동이에요. 어떻게 쓰일지 모르지만 이런 이야기들을, 순간들을 기억해둡니다. 이렇게 마음이 움직인 것은 내 안에 남게 되고, 그렇게 남아 있는 것들이 어느 순간 튀어나와요. 이렇게 감동한 것을 얼마나 쟁여두었느냐가 창의적인 결과물을 만들어내는 힘이 됩니다.

나아가 종종 이 깊이 보고 듣는 능력이 선천적이냐 후천적이냐 하는 질문을 받곤 하는데, 저는 후천적인 것, 학습으로 키울 수 있는 능력이라고 생각합니다. 꽤 오랜 시간 '견'에 대해 이야기해왔고, 또 광고를 만들어왔지만 제가 처음부터 깊이 보고 깊이 들을 수 있었던 것은 아닙니다. 제가 무심히 본 것을 유심히 보는 사람들이 있었어요. 앙드레 지드 같은 사람들이죠. 오랜 시간 그런 사람들의 책을 통해서 공부해왔고 연습해왔어요. 지금도 노력하고 있고요.

다만 사유의 시간이 꼭 필요합니다. 무엇을 보든 그것이 내 안에 들어와 몽글몽글 피어나는 시간이 있어야 해요. 요즘은 일방적으로 메시지를 수신하기만 해도 벅찬 시대죠. OTT, 유튜브, 릴스, 숏폼의 시대잖아요. 몇 번의 터치로 언제든 어디에든 접속할 수 있고 머리에 생각할 시간을 주지 않아요. 내면에서 올라오는 것을 알아봐주고 찾아줘야 하는데 외부 자극만 끊임없이 들어가고 있어요.

'노 풋no put'의 시간이 필요합니다. 끊임없는 인풋이 없고, 아웃풋에 대한 강박도 내려놓은, 노 풋의 시간이 있어야 해요. 그래야 내 목소리가 들립니다. "Disconnect to connect yourself." 자기 자신과 만나기 위해서 다른 것들과 잠시 분리해야 한다는 말인데 멋지죠. 검색의 시대에 사유를 회복해야 합니다.

문聞

'문'은 어떻게 잘 들어주느냐입니다. 앞에서 언급한 회의실 이야기와 연결될 거고, 리더의 역할과도 연결되는 부분이기도 합니다. 보통 리더는 잘 들어줄 생각보다 '팀원들에게 무슨 이야기를 할까, 뭘 심어줘야 할까'만 생각하는 경우가 많습니다. 자기 것을 심어주려고 해요. 리더가 그런 태도로 임하는 회의가 제일 힘듭니다. 구성원들, 팀원들은 주인 의식이 없어지니까요. 제가 제일 경계하는 부분입니다. 만약 제가 팀장인데 제 아이디어 위주로 회의를 이끌어가면 팀원들은 이렇게 생각하지 않을까요? '또 팀장님 아이디어네. 팀장님 아이디어 살리려고 우리는 또 봉사해야 겠네.' 그렇지 않겠어요?

제일 좋은 건 잘 듣고 손뼉 쳐주는 겁니다. 별것 아닌 것 같은 의견도 잘 들어주고, 그 안에서 포인트를 잡아주고 손뼉 쳐줘요. 만약 어떤 팀원의 의견이 괜찮은데 흡족하진 않아요. 이를테면 강도가 30 정도 되는 아이디어라면 이걸 70으로 확 올려줍니다. 괜찮은 부분을 주목하고 발전할 가 능성을 봐주는 거예요. 그럼 이 사람은 자기 의견이니 자발 적으로 그 아이디어를 어떻게든 발전시켜보려고 할 겁니 다. '팀장님이 내 아이디어를 주목하고 있으니 잘해봐야겠 다' 하는 마음이 들지 않겠어요? 그럼 자발적으로 움직입 니다.

예를 들어볼게요. 예전에 대림 e편한세상에서 극장 광 고(캠페인)를 하고 싶다고 의뢰해온 적이 있습니다. 저희는 이 캠페인에 어떤 메시지를 담을까 고민하다가 환경 문제

와 연결해보기로 했고, 회의에서 온난화 문제를 놓고 이야
기하고 있었어요. 아이디어를 내보자고 했지만 아이디어
라고 할 만한 게 없는 상황이었는데 한 팀원이 제 머리를
보면서 툭, 이런 말을 했어요.

"팀장님은 여름에 덜 덥겠다. 털이 없어서."

그 말에 다 같이 웃었죠. 그리고 누군가 받았어요.

"그렇네, 북극곰이 털을 밀 수도 없고."

그런데 이것이 지구 온난화하고 아주 연관 없는 이야
기는 아니잖아요? 그때 주고받은 말이 실마리가 돼서 CM
송이 하나 만들어졌어요.

"오늘을 위해서 지구를 차갑게

준비됐나요 준비되셨나요

북극곰이 덥다고 털을 밀 수는 없잖아요

북극 개가 맨땅에서 썰매 끌 수는 없잖아요

펭귄들은 열 받아도 피서 갈 데도 없다고요

순록들도 야자수는 어울리지 않잖아요

다 같이 지구를 살려내요

지구를 식혀줘 지구를

모두를 위해서 지구를

(…)"

— e편한세상 친환경 극장 광고 캠페인 3탄 〈북극곰 song〉

또한 이 듣는다는 것은 물리적으로 듣는다는 게 아니라 감정 이입을 하고 듣는 걸 말합니다. 말하는 사람의 상태나 상황, 마음에 감정을 이입하고 들어보면 달리 보이는 게 있어요. 그렇게 발견해주는 거죠. 그 과정에서 아이디어가 나오고 변화하고 성장합니다. 제가 여러 번 이야기했던 아파트 광고 카피는 당시 회의에 참석했던 인턴사원이 던진 이야기가 시작이었습니다.

"광고인을 지망하는 사람으로서 우리나라 아파트 광고는 싫어요. 만들고 싶지 않아요. 전부 과장하기만 해요. 있어 보이려고 폼 나게 만들기만 하고요. 아파트 광고인데 왜 유럽의 베르사유가 나오는지, 우리 집은 강서구에 있는데 강서구랑 베르사유가 무슨 관계인지 모르겠어요. 광고에 나오는 여배우는 거기에 살지도 않는다던데요? 저희 엄마가 그 여배우처럼 집 안에서 드레스를 입고 다니다가는 밟고 넘어질 거예요."

인턴이니까 할 수 있는 말이었지만 틀리지 않은 이야기였어요. 생각해보면 그 인턴이 대중의 시선과 더 가깝기도 했고요. 그냥 지나칠 말이 아니라 주목해볼 만한 이야기였죠. 이 말을 정리해봤더니 이런 카피가 나온 겁니다.

"톱스타가 나옵니다.

그녀는 거기 살지 않습니다.

멋진 드레스를 입고 다닙니다.

우린 집에서 편안한 옷을 입습니다.

유럽의 성 그림이 나옵니다.

우리의 주소지는 대한민국입니다.

이해는 합니다.

그래야 시세가 오를 것 같으니까.

하지만 가장 높은 시세를 받아야 하는 건 무엇일까.

저희가 찾은 답은 진심입니다."

이 카피가 실제 런칭 광고에 쓰였죠.

"팀장님은 여름에 덜 덥겠다. 털이 없어서"라는 팀원의 말이나, 인턴이 했던 말은 생각의 파편이었어요. 그 말을 쓸데없는 말이라고 웃어넘겼으면 그대로 묻힐 이야기였고요. 팀원이나 인턴도 자기 말이 노래가 되고 광고 카피가 될 줄 몰랐을 거예요. 하지만 말한 사람은 생각하지 못한 말의 가치를 누군가가 발견해주면 생각의 파편이 훅, 커질 수 있습니다. 그래서 회의를 이끄는 사람은 긴장도가 제일 올라가 있어야 해요. 팀원이 던진 농담 하나, 별것 아닌 한마디에서 반짝거리는 걸 딱 잡아서 끌어올려야 해요. 팀원들이 편하게 이야기할 수 있게 해주고 리더는 촉수를 세워두는 겁니다.

저는 이것을 낚시터에 비유합니다. 어떤 사람은 똑같은 낚시터에서 물고기 다섯 마리를 잡아 가고, 어떤 사람은 한마리도 못 잡아 가죠. 한 가지 분명한 것은 물속에 물고기가 있는지 없는지, 얼마나 있는지는 보이지 않는다는 점입니다. 그런데 다섯 마리를 잡은 사람은 물속에 물고기가 있다고 생각한 것이고, 못 잡은 사람은 물고기가 없다고 생각한 거예요. 회의실이 똑같습니다. 회의실에서는 물 대신 말이 흘러 다녀야 해요. 물속에 물고기가 보이지 않는 것처럼 말속에 숨어 있는 아이디어는 보이지 않습니다. 내가 훌륭한 리더라면 흐르는 말 속에서 아이디어를 잡아낼 것이고 그렇지 않다면 흘려보내겠죠. 구성원들이 그런 경험을 해보면 회의실을 좋아하게 됩니다.

한편 리더급은 경력과 경험, 연륜이 있기 때문에 아무래도 좀 더 명확하고 좋은 아이디어를 가지고 회의실에 들어옵니다. 그러다 보면 일단 열린 분위기에서 회의하자고 해도 결국에는 리더의 생각으로 끝나는 경우가 많습니다. 팀장의 눈에 팀원들의 아이디어는 아직 성기고 불완전해 보이니까요. 하지만 그렇게 되면 다시 또 '역시나'로 돌

이 물속에는 몇 마리의 물고기가 있을까?
우리 회의실에서는 얼마나 많은 아이디어가 스쳐지나가고 있을까?
나는 괜찮은 낚시꾼인 걸까?

아가는 겁니다. 이때 중요한 것은 "내 생각이 맞아. 이렇게 해" 일방적으로 내리꽂는 게 아니라 동의를 구하는 태도입니다.

제가 앞에서 언급했던 〈See the unseen〉 캠페인의 경우, 그때 저에게는 이 슬로건이 딱 '그분이 오셨다'라는 느낌이었기 때문에 팀원들에게 이야기했지만 첫 반응은 흔쾌하지 않았어요. 팀원들은 그게 무슨 뜻이냐, 유학 다녀왔다고 자랑하는 거냐,라고 했죠. 그래서 그때 "그래? 그럼 더 생각해보자" 하고 넘겼습니다. 그런데 다음 회의 때 한 팀원이 먼저 이야기를 꺼냈어요.

"말씀하셨던 그 슬로건에 '못 보던 세상 이제 시작이야', 이렇게 한 줄 붙여주면 괜찮을 것 같아요."

팀장의 아이디어는 팀원이 동의가 된다면 거기에서 더

발전시켜보고, 수정 방향이 있다면 수정해보고, 아무리 들여다봐도 아니면 넘어가는 겁니다. 팀장의 생각도 구성원들이 가지고 놀도록 던지는 거죠. 팀원들이 가지고 놀아보니 더 좋아질 수도 있고, 더 안 좋아질 수도 있어요. 하지만 대부분은 발전해나갑니다.

물론 팀장으로서, 리더로서 이 사안은 분명히 내 생각이 옳다, 확신이 드는 순간이 있습니다. 그럴 때는 어느 순간에 판단을 내리고 팀원들에게 양해를 구합니다. 이번 건은 이 방향으로 가면 좋겠다, 한 번만 따라와 줘,라고요. 그럼 따라와 줍니다. 저 사람은 팀장이라서 자기 의견만 주장하는 것이 아니라 똑같이 이 문제를 풀기 위해 의견을 냈다는 생각이 있어요. 제 자랑 같지만 실제로 후배들에게 "저 사람은 누가 이야기하든 좋은 것은 반드시 찾아내"라는 이야기를 많이 들었어요. 그 정도의 신뢰 형성이 되어 있었고, 그래야 합니다. 이런 신뢰가 회의실에서는 정말 중요합니다.

회의실은 문제를 해결하기 위해 전사들이 모인 곳이기도 하지만 함께 일하는 동료들이 모인 곳이기도 합니다. 이 자리에 있는 사람들이 같은 문제를 해결해나가는 동료 한 명 한 명이라고 서로 인식하고 있어야 해요. 누구의 의견이 좋고 나쁘고, 잘하고 못하고 평가하고 평가받는 자리가 아닙니다. 문제 해결을 위한 자리일 뿐이에요. 회의를 이끌어가는 사람이 팀원들의 이야기를 잘 들어주고, 각각의 이야기에서 포인트를 발견하고 맥을 잡아주면 팀원들도 달라집니다. 물론 회사마다, 조직마다 가지고 있는 시스템에 따라 차이는 있겠지만 회의실에서 가져야 하는 태도는 본질적으로 다르지 않다고 생각합니다.

연軟

조직의 창의성은 견과 문을 넘어서 이 '연'에서 나옵니다. 창의적인 조직이 되기 위해서는 '연성화'가 되어야 해요. 소통이 가능한 조직 문화를 만드는 것에도 이 연성화가 필요하다고 봅니다. 긴장의 강도를 낮춰야 합니다. 회의실에서 자유롭게 이야기를 할 수 있어야 한다고 말씀드렸었죠? 리더가 구성원들의 이야기를 잘 들어야 한다고 말씀드린 것도 이 연성화를 위해서이기도 합니다. 조직의 분위기가 부드러워야 다양한 생각들이 자유롭게 오갈 수 있습니다. 그리고 무엇보다 이를 위해서는 윗사람이 먼저 움직여 줘야 합니다.

제가 후배들에게 신년 인사로 자주 하는 말이 "우리 많이 웃자"예요. "올해 경쟁 승률은 몇 퍼센트" 같은 말이 아닙니다. 후배 팀장들에게는 어느 팀의 웃음소리가 큰지를 기준으로 고과에 반영하겠다고 이야기하기도 합니다. 인사이동이 있을 때 어느 팀이 제일 인기가 많은지도 반영하겠다고도 했어요. 그랬더니 어떤 팀장은 그렇게까지 일할 수 없다, 후배들 눈치 보느라 일을 못 한다고 한숨을 쉬더라고요. 그래서 후배들 눈치 보면서도 프로젝트를 잘하는 것까지가 능력이라고 이야기했었죠. 물론 힘든 일입니다. 하지만 강압적인 분위기에서 나오는 좋은 결과는 오래가지 못해요. 이건 팀장급에서 해주지 않으면 분위기가 바뀌지 않습니다.

제가 여러 곳에서 이야기한 바 있는데, 모든 사생활은 모든 공무에 우선한다, 모든 술자리는 모든 회의에 우선한다, 이걸 지키려고 합니다. 흔히 '워라벨'이라는 말을 하죠? 일 주제에 라이프와 레벨을 맞추려고 하다니,라고 우스개처럼 말하지만 진심입니다. 삶을 위해 일하는 겁니다. 이걸 지키려면 중심점을 잘 잡고 있어야 합니다.

TBWA는 4년마다 한 달씩 유급 휴가가 있습니다. 그럼 한 달 동안 팀원이 비는 거죠. 그런데 만약 그 휴가자가 프로젝트의 키 맨이라면 고민이 되겠죠. 실제로 한 번은 한 후배가 오래전부터 열흘 휴가 계획을 세우고 있었어요. 그런데 이 휴가 기간에 경쟁 프레젠테이션이 잡힌 겁니다. 후배는 아직 교통편과 숙소 예약을 하지 않았으니 휴가를 가지 않겠다고 하길래 제가 이야기했습니다. "너 휴가 취소하면 나를 모독하는 거야. 지금 팀원 한 명 휴가도 못 갈 만큼 내가 그렇게 팀을 관리하고 있다고 생각하는 거야? 나, 그렇지 않아." 그리고 다른 팀원들에게 이야기해요. 이 친구 휴가 중에 절대 연락하지 말라고요.

사실 저라고 불안하지 않은 건 아니에요. 하지만 제가 가지고 가고 싶은 가치는 지키고 싶어요. 그런 점에서 후배에게 했던 말은 진심이기도 했고 그렇게 말하면 '오, 팀장님 좀 멋진데?'라고 생각할 걸 알고 말한 것이기도 했습니다. 사소해 보이지만 이런 순간의 분위기가 팀 전체로 퍼져나가고, 이런 사소한 데서도 팀장으로서의 신뢰, 권위 같은 것이 쌓인다는 걸 아니까요. 물론 말한 대로 키 맨인 후배가 휴가를 떠나도 프로젝트는 잘 진행되도록 해야 하고요.

또 한 번은 급한 일이 없고 여유가 좀 있을 때였어요. 일이 없지만 업무 시간이니 팀원들이 그냥 컴퓨터 앞에 앉아 있더라고요. 그래서 메일을 보냈습니다. "노는 것도 능력이다. 나는 능력 있는 후배가 좋다." 잠시 후에 하나둘 자리에서 일어나요. 누구는 연극 보러 가고 누구는 영화 보러 가고, 누구는 바람 쐰다고 어디론가 가더라고요. 그 경험이 나중에 돌아옵니다. 누군가가 서점에서 보고 온 책 한 권이 아이디어의 실마리가 되기도 하고, 누군가가 보고 온 전시가 새로운 방향이 되기도 합니다.

저는 아침에 출근하면 오늘 해야 할 일 리스트를 뽑고 전체 일정에 맞춰 시간을 고려해요. 오후 2시 이전에 내려가야 하는 오더가 있어요. 그 이후에 지시가 내려가면 팀원들은 무조건 야근을 해야 해요. 그렇다면 어떤 일이 있어도 오후 2시 전에 지시를 내립니다. 바쁠 때는 아예 시간을 정해주기도 합니다. "이 카피는 두 시간 이상 쓰지 말고 ○시까지 해보고 한 데까지 가지고 와 줘"라는 식으로 기한을 정해주죠. 제가 정해주지 않으면 퇴근 시간을 넘겨서까지 붙들고 있을 수 있으니까요. 그건 바람직하지 않다고 봐요. 퇴근 시간에는 모두 퇴근하게 하고 주말 근무는 최대한 하지 않도록 노력합니다.

물론 직장인으로서 야근이며 주말 근무를 완벽히 피할 수는 없습니다. 다만 적어도 이것 하나는 염두에 둡니다. 일의 진행 상황을 파악해보고 토요일에 근무해야 할지 최대한 빨리 판단합니다. 화요일에 상황을 체크해보니 토요일에 나와야 할 수도 있다는 판단이 섰다면 바로 팀원들에게 이야기합니다. 높은 확률로 이번 토요일은 사무실에 나와야 할 것 같다. 미리 선약이 있는 사람은 안 나와도 된다, 아직 약속이 없는 사람은 나와서 10시부터 14시까지만 한번 생각해보자. 이렇게 해줘야 팀원들이 자기 계획을 세울 수 있습니다. 토요일 근무 여부를 하루 전인 금요일에 판단하면 팀원들이 개인 생활을 할 수 없죠. 이게 확보되지 않으면 직장에서의 행복도는 올라가지 않습니다. 앞서 말씀드린 자발성 역시 확보되지 않고요.

결국 조직의 분위기를 부드럽게 만드는 열쇠는 윗사람이 쥐고 있다고 봅니다. 위에서 먼저 문을 열어줘야 변화가 시작되고 따라옵니다.

행行

창의성은 발상의 문제가 아니라 삶을 대하는 태도라고 봅니다. 위험 부담을 감수할 수 있는가의 문제죠. 아이디어는 'from wall to street'이에요. 벽에 붙어 있을 때는 그저 이론, 생각일 뿐입니다. 거리 위로 나가야 해요. 물론 실행해나가려면 문제는 생기게 마련입니다. 예산이 부족하거나 관련 법규에 따라 제한이 생길 수 있어요. 그런 문제를 해결하고 나아가야 하는 일이고, 그러려면 용기가 필요합니다. 그래서 제가 사무실 벽에 그려진 해골 이미지 옆에 이런 글귀를 써놨습니다.

WE GO BOLD OR GO HOME

우리는 용기 있게, 과감하게 전진할 게 아니면 짐 싸서 집으로 돌아가야 할 뿐이죠. 후배들에게는 이 말도 자주 합니다.

"Better sorry than safe."

아무것도 하지 않으면 아무 일도 일어나지 않습니다. 안정적이고 안전해요. 하지만 그것보다 실패하더라도 해보고 미안하다고 하는 게 낫습니다. T.S. 엘리엇이 이런 이야기를 했습니다.

"구상과 창조 사이에는 그림자가 드리워져 있고 그 그 림자를 걷어내는 것이 너의 일이다."

구상은 발상한 것이고 이걸 실행해나가는 길에는 장애 물이 있다는 거예요. 이걸 걷어내는 것이 싫거나 귀찮으면 그저 생각에 그치고 마는 것이고, 발상한 것을 실현하려면 힘들고 귀찮더라도 그 장애물을 걷어내야만 한다는 말입 니다.

종종 이런 말을 하는 사람들이 있죠. "그때 내가 냈던 아이디어가 진짜 죽이는 거였는데 예산이 줄어서 안 됐 어." "그거 나도 5년 전에 냈던 아이디어인데 내 윗사람이 이상한 사람이라서 못 했지. 별거 아냐." "내가 먼저 생각 한 거라니까." 이런 말은 다 패배자의 넋두리라고 봅니다.

후배들에게 이야기하곤 합니다.

"세상에는 두 가지 아이디어밖에 없다. 실현된 아이디어와 실현되지 않은 아이디어. 우리는 실현된 아이디어를 추앙하고 실현되지 않은 아이디어를 패배자의 넋두리로 듣는다."

생각만 해서는 아무것도 아니에요. 실행에 옮겨야 해요. 물론 실행에 옮기는 건 힘든 일입니다. 불편을 감수해야 하고 윗사람을 설득해야 하고 줄어든 예산 안에서 어떻게든 방법을 찾아야 합니다. 무엇보다 그 모든 결과에 대한 책임을 져야 하고요. 결과가 좋지 않으면 욕을 먹을 수도 있습니다. 한다는 건 그 모든 걸 다 감수하고 하는 겁니다. 그래서 창의성은 발상의 문제가 아니라 삶을 대하는 태도라고 봅니다.

꽤 오래전에 만들었던 SK텔레콤 '생활의 중심-현대생활백서' 아이디어로 광고를 따냈을 때의 이야기입니다. 당시 그 건은 매우 큰 경쟁 PT였어요. 보통 이런 경쟁 프레젠테이션에 들어가면 팀원들은 주말까지 반납할 생각을 합니다. 그런데 정작 팀장인 제가 무슨 이야기를 해야 할지 모르겠는 거예요. 그래서 일단 주말은 쉬고 맑은 머리로 월요일 아침 10시에 만나자고 했죠.

그렇게 아무것도 정해지지 않은 상태로 월요일 아침 10시에 모였습니다. 주말에 뭐 했는지 물어보니 누구는 어디 다녀왔고 누구는 뭐 했고 또 한 사람은 심심해서 서점에 다녀왔대요. 그런데 이 서점에 다녀온 팀원이 말하길, 서점에서 재미있는 책을 봤다는 겁니다. 『학교생활 대백과』라는 책인데 고등학생들이 만든 책이래요. '학생 주임은 신이 우리를 괴롭히기 위해서 만든 존재' '점심시간은 오전에 이미 텅 빈 도시락을 확인하는 시간' 이런 식으로 학교와 관련한 이야기를 다 모아놓은 책이었어요. 들어보니 재미있더라고요. 그 이야기를 듣고 "휴대폰과 관련된 이야기를 다 모으면 어때?"라고 팀원들에게 물었더니 여기저기에서 에피소드가 쏟아져나와요. 요즘 여고생들은 휴대폰으로 뭘 하고 논다더라, 요즘 골프장에 가면 게임 시작하기 전에 다들 휴대폰만 보고 있다, 엄마들도 모이면 새 휴대폰에 집중한다더라 등등 이야기가 끊임없이 이어지더라고요. 이 순간이 '현대생활백서'의 시작입니다.

자, 발상이 시작됐으니 그다음부터는 그림자가 드리워집니다. 저희는 휴대폰과 관련한 수많은 에피소드를 보여주는 방법으로 책을 만들기로 했는데, 이 아이디어는 사실 모험이었습니다. 보통 경쟁 프레젠테이션을 하면 어느 회사든 A, B, C, D 안을 만들어 와서 어떤 것이 마음에 드는지 광고주에게 의견을 묻습니다. 다른 경쟁사들은 분명히 그렇게 준비해올 거였어요. 하지만 책을 만들기로 한 그때는 프레젠테이션이 3주 남았을 때였어요. 3주는 휴대폰과 관련한 아이디어를 다 모아서 책 한 권을 만들기에도 빠듯한 시간이었습니다. 그러니까 경쟁사들이 여러 개의 안을 들고 올 때 저희는 아이디어 하나를 책 한 권으로 만들어서 들고 가기로 한 겁니다.

우선 이 판단을 내리려면 의사결정권자들이 모두 동의해야 하는데, 다행히 이 단계는 넘겼어요. 하지만 모두 동의했다고 하더라도 수많은 에피소드를 모으고 정리해서 진짜 책으로, 그것도 3주 만에 만들어낸다는 건 도전에 가까운 일이었죠. 일단 200개 가까운 에피소드를 모아야 하고 다시 거기에서 쓸 만한 것들을 추려내야 하는데, 이것부터가 엄청난 노동입니다. 그다음에는 진짜 책의 형태로 만들어야 하고요.

그때 저희는 책에서 그치지 않고 이 아이디어를 바탕으로 TV 광고, 인쇄 광고까지 구조를 다 짰습니다. 예를 들어 책에 담긴 170여 개의 에피소드 중에서 27, 35, 47번은 TV 광고로, 65, 84, 123번은 인쇄 광고로 간다는 식으로 정리한 겁니다. 그렇게 광고주에게 보여줄 책 20권을 들고 경쟁 프레젠테이션에 참여했습니다. 그리고 이렇게 프레젠테이션을 시작했습니다.

"서점에 갔더니 이런 책이 있더라고요. 『현대생활백서』라고요. 휴대폰과 관련한 각종 에피소드가 들어가 있습니다. 재미있지 않습니까? 이 책, 저희가 만든 겁니다."

사실 책을 만들어 가지 않아도 됩니다. 콘셉트를 보여주고 설명할 수도 있었어요. 하지만 그렇게 하면 임팩트가 떨어집니다. 그러니까 진행 과정 중 어느 지점에서도 타협하지 않고 끝까지 몰고 간 겁니다. 결국 끝까지 갈 것이냐 아니냐는 선택이고, 태도입니다. 용기가 없는 창의성은 없

"구상과 창조 사이에는 그림자가 드리워져 있고
그 그림자를 걷어내는 것이 너의 일이다."
— T.S. 엘리엇

다고 봅니다.

　마르셀 뒤샹이 변기를 작품이라고 내놓았을 때 사람들
은 미쳤다고 했어요. 쿠르베가 〈세상의 기원〉이라는 그림
을 내놨을 때 예술이냐 외설이냐 난리가 났었죠. 다 이전
에는 가 보지 않은 길입니다. 그 사람들은 그림을 그리기도
했지만 용기가 있었던 겁니다. 인상파도 처음에는 무슨 이
런 그림이 있느냐고 욕을 먹었죠. 위험을 감수하지 않고서
새로운 것은 탄생하지 않습니다.

이야기를 마치며

"항해술에서 가장 중요한 것은
선박의 위치 판단"

김훈의 『자전거 여행 2』에는 "항해술에서 가장 중요한 것은 선박의 위치 판단이다"라는 문장이 있습니다. 제가 좋아하는 문장입니다. 돌아보면 이 문장을 푯대로 삼아 조직 생활을 해왔던 것 같습니다. 우리의 위치는 1년 차, 5년 차, 10년 차, 20년 차, 30년 차에 따라 다 달라지니까요. 내가 선 위치가 어디쯤인지, 그 자리에서 무엇을 어떻게 긍정적으로 이바지할 수 있는지 계속 돌아봐야 합니다. 업무든 조직 분위기를 만들어가는 일이든 사회생활 초년생일 때부터 가져온 방향성이었습니다. 이 회사에서, 이 팀에서, 이 프로젝트에서 내가 어디쯤 위치하는지, 거기에서 어떻게 이바지할 수 있을지를 끊임없이 고민하며 답을 찾아왔습니다.

광고를 시작하고 3~4년은 제가 할 수 있는 일이 많지 않았어요. 이 일이 내게 맞지 않는다는 생각에 힘들었지만 그 당시 제 상황에서 제가 할 수 있는 선택은 어떻게든 광고업계에서 살아남아야 한다는 거였습니다. 그리고 내 위치에서 할 수 있는 게 뭘까 고민한 끝에 회의록이라도 써야겠다고 생각해서 쓰기 시작한 것이 실제로 회의에, 팀에 도움이 됐습니다. 그것이 제가 다음 스텝으로 나아갈 수 있는 실마리가 됐고요.

7~8년 차에는 '합의의 귀재'가 됐습니다. 광고 회사는 기획팀과 제작팀, 두 파트가 자주 부딪칠 수밖에 없어요. 그런 때에 제가 새로운 방향을 가져가면 배는 난파합니다.

팀장들의 의견이 합의되어야 일이 진행되고 일하는 분위기가 망가지지 않을 수 있어요. 프로젝트를 성공시켜야 한다는 공동의 목표가 변하지만 않으면 합의의 지점이 분명히 있어요. 그러니 양쪽 의견에서 서로 일치를 이루는 부분과 양보할 수 있는 부분을 파악해서 이견을 조율했죠.

팀장이 되고 난 후에는 '싸움닭'이 됐습니다. 후배들과 함께 만든 결과물을 팔아야 하니까요. 이때는 합의가 아니라 내 주장을 밀고 나가야 하죠. 그뿐만 아니라 제 팀만큼은 제가 옳다고 생각하는 분위기 속에서 일하도록 만들고 싶었습니다. 팀원들이 많이 웃고 자율적으로 일할 수 있게끔 했죠. 프로세스를 철저히 관리해서 아무리 일이 많아도 가능한 한 제때 퇴근하고 주말도 지켜가면서 일했고요. 그래서 저희 팀은 '공립학교에 있는 사립학교'라는 말을 듣기도 했고, 위화감을 조성한다는 핀잔을 듣기도 했었어요. 이때 윗사람들과 많이 부딪쳤죠.

사실 제가 이런 방식으로 팀을 운영할 때 모두들 너무 이상적인 이야기를 하고 있다고 했습니다. 광고업계는 그렇게 돌아갈 수 없다고, 그렇게 하면 이길 수 없다고들 했습니다. 그래서 '박웅현은 이상론자다, 꿈같은 이야기만 한다'라는 이야기도 많이 들었습니다. 하지만 꿈같은 이야기가 답이 될 수 있다는 걸 보여주고 싶었어요. 그래서 200억짜리 경쟁 PT를 앞두고 전날 6시에 퇴근하고 당일 아침 9시에 커피 한 잔 마시면서 PT를 했고 이겼어요. 그러고 나니 변화가 시작되더라고요. 지금 돌아보면 이것 역시 그때 제 위치에서 해야 할 몫, 역할이었다고 봅니다.

30년 차에 이른 지금은 광고 실무 전면에 나서진 않아도 제 위치에서 후배들이 하는 일에, 조직에 어떤 긍정적인 역할을 할 수 있을지 고민하고 제가 할 수 있는 바를 하려고 합니다. 기업의 브랜딩 컨설팅을 할 때도, 조직문화연구소를 만들고 여러 기업과 프로젝트를 진행할 때도 제가 이

일에, 함께 일하는 사람들에게 도움이 되려면 어떤 역할을 할 수 있을지 살펴 움직이고 있습니다.

처음부터 성공해야겠다거나, 회사의 조직 문화를 바꾸겠다는 목표를 세우고 일했던 것은 아닙니다. 그때 제 자리에서 무엇을 해야 하는지를 고민했고 해나갔을 뿐이에요. 개인적인 성과를 넘어서 조직 문화라는 측면에서 보면, 일종의 동심원을 그려왔다고 생각합니다. 회사 전체를, 모두를 바꿀 수는 없죠. 단지 몇 명이 되었든 제가 함께 일하는 사람들이 조금 더 행복하게 일할 수 있기를 바랐어요. 그래서 셀 장이었을 때는 저를 제외한 3명만 봤고, 팀장이 된 후에는 8~12명만 봤습니다. 본부장이 되고는 70여 명, 그 이후로는 200여 명의 직원, 후배들을 생각했고요. 저와 일하는 사람들이 많이 웃고 즐겁게 일하는 방법을 고민했습니다. 나를 좋아하게 만들자는 게 목표였습니다. 그러니까 3명으로 시작된 원이 70명, 200여 명으로 커진 겁니다. 이

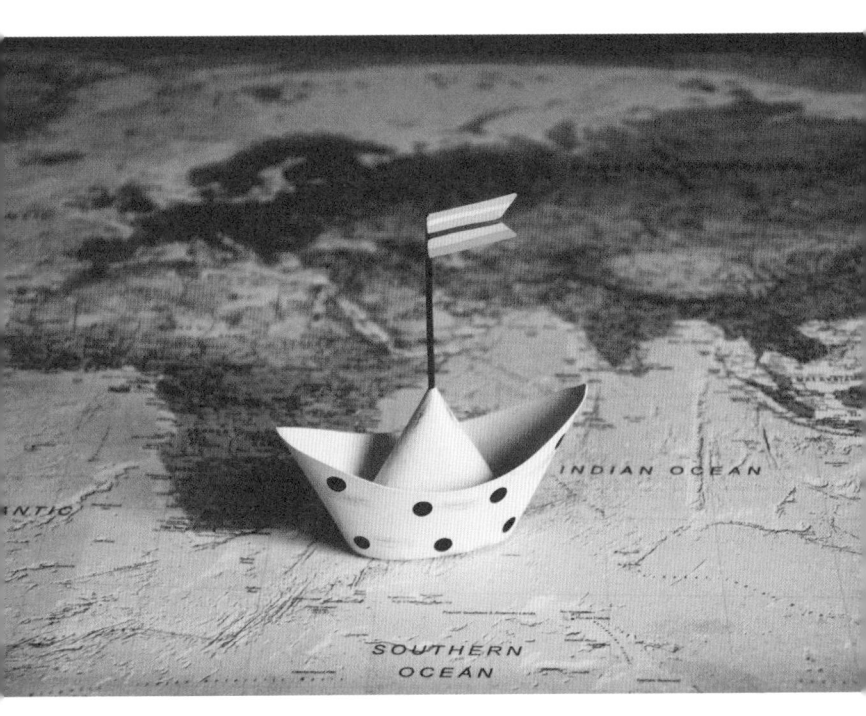

제는 저와 함께 일해온 후배들이 팀장이 되고 본부장이 돼서 그 원을 키워나가고 있어요. 앞서 '시작은 가장 작은 원'이라는 말씀을 드렸는데요. 조직 문화를 어떻게 바꿔가야 하는가,라는 질문에 좀 더 직접적인 답도 그와 같다고 봅니다.

다시 본론으로 돌아가서 조직 구성원으로 일하는 이상 우리의 위치는 조직 안에서나 밖에서나 여러 가지 요인으로 바뀔 수밖에 없습니다. 조직 안팎에서 부는 바람과 물살의 영향으로부터 자유롭지 않아요. 결국 그 모든 흐름과 요소들을 살피면서 자기 위치를 정확히 판단해야 앞으로 잘 나아갈 수 있습니다.

무엇보다 시대가 바뀌었다는 건 지금까지와는 다른 바다에 들어섰다는 것과 같습니다. 그리고 지금 우리가 마주하고 있는 바다는 매우 새로운 세계입니다. 해류도 예상할 수 없고 날씨의 영향도 어느 때보다 심하게 받습니다. 이 바다의 해역에서 만난 선원들도 새롭고 낯선 사람들입니다. 어찌 보면 지금 우리는 아주 신비로운 영역에 들어선 셈입니다.

보통 배에는 여러 지역에서 온, 다양한 나이와 연차의 선원들이 타고 있습니다. 이제는 새로운 해역 출신의 선원도 있을 겁니다. 이 배의 특성, 강점과 약점을 잘 아는 사람들은 기존의 선원일 것이고, 새로운 바다를 잘 아는 것은 새 해역 출신의 선원일 겁니다. 결국 이 낯선 바다 위에서 배가 지속적으로 안전하게 항해해 나가려면 배 안의 모든 사람이 필요하고, 이 구성원들이 유기적으로 움직이며 제 역할을 잘 해내야 합니다.

이미 우리는 이 바다 위에 들어섰고 되돌아갈 수 없습니다. 무조건 이 바다를 건너가야 합니다. 결국 조직은 배가 위치한 바다를 파악해야 할 뿐만 아니라 이 배 위에 올라탄 구성원들도 주목해야 합니다. 어떻게 하면 구성원 모두가 같은 배의 일원임을 인식하고 각자 이 항해에 어떻게 일조하게 할 것인가를 고민해야 하죠. 낯설고 새로운 바다에서 낯선 구성원들이 모여 항해를 해야 하는 만큼, 배 안팎의 상태를 점검하고 재정비해야 할 겁니다. 그 과정에서 버릴 것은 버리고 바꿀 것은 바꿔야 합니다. 그것이 지금 우리가 해야 하는 일입니다.

부록 1

세대론에 관하여 묻는다

타자화의 우愚

한 번은 어느 회사의 임원이 "큰일 났어요. 저희 회사, 이제 40%가 MZ래요"라고 하는데, 저는 좀 놀랐습니다. 그게 왜 큰일일까 싶었거든요. 저도 종종 MZ 세대에 관한 질문을 받는데요. 어느 북토크에서도 한 분이 이 세대가 다르다고 느끼냐고 묻더군요. 그때 했던 답을 『책과 삶에 관한 짧은 문답』이라는 책에 담아두었는데 여기에 잠시 옮겨봅니다.

"광고 일을 30년쯤 해왔는데요. 제가 20대인 시절에 저희 세대는 신세대라고 불렸어요. 그 당시 기성세대로부터 신세대는 다르다는 이야기를 들으면서 사회생활을 시작했습니다. 그런데 그다음에는 X세대가 왔고, 오렌지족이 등장했죠. 결국 지금 언급한 그 모든 세대를 다 겪어본 셈인데 저는 무엇이 그렇게 다른지 잘 모르겠습니다.

달라진 건 세대가 아니라 '시대 문맥'입니다. 제가 20, 30대일 때만 해도 취업하면 평생직장이었고 열심히 돈을 모으면 아파트를 살 수 있었고 차근차근 평수를 늘려갈 수 있었어요. 입사하면 회사 안에서 성장하고 승진하고 잘하면 임원도 될 수 있었어요. 그걸 목표로 삼는 사람들도 있었고요. 하지만 이제는 그런 기대를 할 수 없죠. 이미 사람들은 IMF, 금융위기를 거치면서 '조직'이라는 것에 의지하지 않게 됐습니다. 개인이 경쟁력을 갖지 않으면 언제든 조직으로부터 내쳐질 수 있다는 생각을 당연히 하게 된 겁니다. 어렸을 때 이 시기를 겪은 사람들은 자기 발전에 대한 갈증이 심할 수밖에 없어요. 회사에서 내가 성장한다고 느껴지지 않으면 언제든 새로운 길을 모색하죠.

한때 많이 언급됐던 '욜로족'이라는 말도 한번 생각해 볼까요? 이를 미래에 대한 계획 없이 하루하루를 낭비하는 라이프 스타일이라고 비꼬지 말고 잘 들여다보면 이해할 수밖에 없습니다. 이 세대에 속한 사람들은 앞에서 말한 것처럼 월급을 평생 모아도 서울에 있는 아파트 한 채 살 수 있는 가능성이 제로에 가까워요. 제가 청년기였을 때 대한민국은 산업 성장기였고 제 세대는 부모보다 나을 수 있었어요. 부모보다 더 좋은 차, 좋은 집에 살 가능성이 있었습니다. 그러나 지금의 20대, 30대는 그렇지 못해요. 그들이 능력이 없어서가 아니라 지금은 마이너스 성장률의 시대니까요.

이런 상황에서 젊은이들이 어떤 판단을 할 수 있을까

요? 경험이 중요해질 겁니다. 모으고 아껴서 집을 사고 규모를 늘리는 것은 요원한 일이니 경험에 집중하는 겁니다. '오마카세'가 유행하는 것도 겉멋만 들어서가 아닙니다. 그 경험을 미뤄둘 수 없는 겁니다. 나중에 돈 많이 벌면 먹어야지, 생각할 수 없어요. '돈 많이 벌면'이라는 가능성 자체를 기대하기 어렵기 때문입니다. 미래가 불확실한 거예요.

요즘 MBTI가 그토록 유행인데 젊은 사람들이 왜 MBTI를 좋아할까 생각해본 적 있나요? 이런 현상에는 여러 가지 이유가 있겠지만 저는 불안도 그중 하나라고 봅니다. 요즘 시대는 '대중'이라는 말이 어울리지 않아요. 집단성이 약해졌죠. 사람들과 소통하는 방식 역시 대면하면서 관계 맺는 게 자연스러웠던 기성세대와, 태어날 때부터 스마트폰, 온라인으로 관계를 맺는 게 자연스러운 지금 세대가 같을 수 없습니다. 그만큼 지금 젊은 세대는 타인을 이해하려면 분석이 필요해요. 공통된 무언가로 묶이고 싶은 마음도 있고요. '나는 E인데 너는 I라서 이런 부분에서 너와 내가 의견이 다르구나?' '너도 I야? 나도 I인데!'인 것이죠. 기성세대처럼 만나보고 겪어보고서야 저 사람은 좀 내향적이네? 외향적이네? 이해하는 방식과는 차이가 있을 수밖에요.

이런 시대 문맥을 이해하면 젊은 사람들과 마주할 때 그들을 이해하기가 훨씬 쉽습니다. 이해의 폭도 깊어지고요. 저도 노력합니다. '이들은 나와 다르다'라고 전제하지 않아요. 제 임의로 그들을 판단하지 않으려고 노력합니다. 차이를 인정하고 그 차이가 어디에서 기인한 것인지 이해하려고 합니다."

—『책과 삶에 관한 짧은 문답』 중에서

인산은 흐르는 강물과 같다고 말씀드렸습니다. 어느 세

대나 각자 살아온 시대와 환경, 삶의 조건에 영향을 받습니다. 다르지 않아요. 시대 문맥을 배제하고 생각할 수 없습니다. 젊은 세대와 기성세대의 차이가 있다면 각자 살아온 시대가 달라서 오는 당연한 결과일 뿐입니다.

그런데 유독 이 세대에게는 "너희는 MZ라며? 너희는 욜로라며? 파이어족이라며? 워라밸이 제일 중요하다며?" 이런 부정적인 시선을 보내며 몇 가지 말로 규정짓는 것 같아요. 그러나 이런 태도는 '나'라는 개인을 봐주지 않는 겁니다. 김○○라는 사람은 유일무이한 존재이고, 이 사람이 겪어온 경험이 있고 히스토리가 있는데, 그저 MZ라는 말로 뭉뚱그려서 보는 겁니다. 결국 이들도 소통하는 문을 닫게 될 거예요. 서로의 벽은 높아지고요.

MZ라는 말, 이제 좀 지치지 않나요? 저는 이 말이 젊은 사람들을 MZ라는 상자에 넣으려고 하는 것 같아요. 『문장과 순간』이라는 책에도 언급했지만, '타자화의 우'를 범하고 있다고 생각합니다. 젊은 세대를 MZ라는 말로 단정 짓고 우리와는 '다른 존재'라고 타자화시키고 있어요. 하지만 인간은 그렇게 규정할 수 있는 존재가 아닙니다. M과 Z 사이에도 차이고 있고, 어느 세대에 속해 있든 한 명 한 명 들여다보면 모두 개별적인 사람들입니다.

요즘 20대라고 해서 모두 기민하고 변화를 좋아하는 건 아닙니다. 어떤 친구는 OTT를 보더라도 대화창을 열어놓고 보는 걸 선호하고 어떤 친구는 영상에 집중해서 봐요. 누구는 소속감을 원하기도 하고 누구는 관계 맺는 걸 극도로 부담스러워하기도 하죠. 모두 다릅니다. 그래서 사람이라는 물을 X니 MZ니 하는 말의 그물로 잡으려고 해서는 안 된다고 생각해요. 지금 이 세대 갈등은 그런 말의 필터를 끼워서는 풀리지 않는다고 봅니다.

세대와 세대가 아닌 개인과 개인

물론 특정 시대에 태어나 비슷한 시대적 경험을 한 세대가
가지는 특성은 분명히 있습니다. 그걸 부인하는 건 아닙니
다. 지금의 젊은 세대는 디지털 네이티브 세대임과 동시에
IMF 이후의 한국 사회를 살아왔고, 나면서부터 불안을 안
고 성장해왔어요. 회사에서의 승진이나 성공도 불확실하
지만 그것이 개인의 삶을 윤택하게 해주지 않아요. 조직보
다 내가 중요하고 조직의 성과와 나의 성과를 동일시하지
않습니다. 이직이나 퇴사를 무겁게 생각하지 않을 수도 있
어요. 그래서 기업이 조직 문화를 고민하는 걸 테고요. 회
사의 미래 동력은 결국 이 젊은 세대이니까요. 아마도 이런
이야기, 많이 들어보셨을 거예요.

　다만 회사 안에서 이 세대와 직접적으로 부딪치고 있
는 사람들은 현재 각 조직의 팀장급일 겁니다. 그래서 제

일 불만이 자주 나오는 위치도 이쯤이죠. 이들도 한때 'X 세대'라고 불리던 사람들이지만 조직에 편입된 이후 기존 문법에서 크게 벗어나지 않은 세대라고 생각해요. 가장 열심히, 많이 일하는 연차로 조직의 '허리' 역할을 맡고 있을 거예요. 윗세대를 감당하며 젊은 직원들을 관리하면서 일은 일대로 문제없이 진행해야 할 테니까요. 그 고충을 모르지 않습니다. 하지만 그게 그 연차, 그 자리의 무게라고 생각합니다. 어느 세대든 그 위치는 마찬가지라고 봅니다. 그래서 저는 그 자리에서 고민의 방향을 좀 바꿔보면 어떨까 싶습니다.

한번 생각해보죠. 엄밀히 말해서 우리가 일할 때 어떤 특정 세대와 일하고 있는 걸까요? 제가 팀장이었을 때도 팀원들은 나이도 성별도 다 달랐습니다. 이런 성격, 저런 성격 다 제각각이었고, 각자 무슨 세대라고 이름 붙기도 했고요. 하지만 그 사람들을 세대로 구분하지 않았어요. 그저

어떻게 하면 내 팀원들과 재미있게 일할 수 있을까를 고민
했고, 그러기 위해서 팀원 한 사람 한 사람을 들여다봤을
뿐이에요. 개개인과 마주해보면 저와 나이 차가 꽤 있어도
취향이 비슷한 사람이 있고, 저랑 비슷한 세대인데도 굉장
히 다른 가치관을 가지고 있는 사람도 있어요. 지금도 소
위 MZ라고 불리는 후배들과 함께 일하고 있지만 저는 이
친구들과 일할 때 이○○, 성□□, 박◇◇와 일하고 있다고
생각하지, 'MZ 세대'와 일한다고 생각하지 않습니다.

  혹 젊은 사람들이 좀 다르다고 느껴진다면 '역시, MZ
라서 그래'라고 생각하기보다 그 개개인과 이야기를 나눠
보는 게 낫다고 생각합니다. 이 사람은 어떤 환경에서 어떻
게 살아왔고 무엇을 경험하고 공부했는지, 무엇을 좋아하
는지, 무엇에 관심이 있고 어떤 걸 하고 싶은지 들어보면
'이 사람은 왜 그럴까?'라는 의문에 좀 더 명확한 답을 찾
을 수 있을 거라고 봐요. 특정 세대에 속해 있지만 그 사람

들의 이름은 MZ가 아니에요. 김○○, 정□□이라는 이름을 가진 한 사람 한 사람이죠. 세대 프레임을 걷어내면 저마다의 강점, 약점, 장점, 단점이 있는 한 개인입니다.

우리가 누군가와 관계 맺을 때와 같습니다. 연애를 하든 결혼을 하든, 친구가 되든 어떤 관계를 맺을 때 나와 다른 것은 받아들이고 같은 것은 공유하면서 배울 것은 배우고, 인정할 것은 인정하고, 고칠 것은 고쳐나가지 않나요? 그렇게 서로 섞이고 포용하고요. 조직안에서도 마찬가지가 아닐까 합니다. 그래서 저는 세대론과 같은 거대 담론으로 접근하면 이 갈등은 해결하기 어렵다고 봐요. 거대 담론을 걷어내고 개인과 개인으로 마주할 때, 문제 해결의 실마리가 보일 거라고 생각합니다.

"왜 그게 당연한 건가요?"에 답해야 하는 때

한 편집자가 들려준 이야기입니다. 이 사람이 5~6년 편집자로 책을 만들다가 작은 드라마 제작사 기획팀에 신입으로 이직했답니다. 그런데 아무리 직장 생활 경력이 있어도 다른 업계, 작은 회사의 신입으로 들어갔으니 이런저런 잡무도 많고 새로운 조직 문화에 적응하는 데 애를 먹었나 봐요. 무엇보다 종종 업무 지시가 맥락 없이 내려와서 그때마다 상사에게 지시 내용의 앞뒤 문맥을 물었던 모양입니다. 문맥을 알면 좀 더 제대로 그 업무를 처리할 수 있고 돌발 상황에 대처할 수 있으니까요. 직장 생활 6년 차쯤의 판단이었을 거예요. 한편으로는 늦게 시작한 만큼 빨리 일을 파악하고 배우고 싶었다고도 하더군요.

문제는 이 친구가 있던 곳이 출판과는 다른 업계이고, 그곳에서는 신입이었다는 겁니다. 같이 일하던 팀장은 "너는 자꾸 이유를 물어서 피곤하다"라며 불편해했고, 대표는 "난 시키는 일에 이유를 묻지 않고 곧장 시키는 대로 움직일 사람이 필요하다"라고 했답니다. 급박하게 돌아가는 제작 현장이 익숙한 그 업계 사람들로서는 신입자에게 하나하나 이유를 설명할 필요가 없었던 거예요. 그뿐만 아니라 회사의 시스템에 불합리한 부분이 있어서 이에 대해 이의를 제기하니 "우리는 '원래' 그렇게 일해왔으니 번거롭게 하지 마라" "절이 싫으면 중이 떠나는 것"이라는 답을 받고 마음을 비웠답니다. 경험 삼아서 1년 일하고 미련 없이 그만뒀대요.

저는 현재 많은 회사의 조직 문화에도 비슷한 면이 있다고 봅니다. 지금까지 조직이, 기성세대가 당연하다고 생각해온 것들이 있습니다. 굳이 설명하지 않아도 됐습니다. 예전부터 그렇게 운영되어 왔고 성과를 내왔으니까요. 이미 익숙해진 것들을 굳이 바꿀 필요도 없었을 겁니다. 하지만 시대는 바뀌었고 기성세대나 조직이 중요하게 여기는 가치와 젊은 세대가 중요하다고 여기는 가치가 다릅니다. 그래서 충돌이 발생하고, 조직과 기성세대는 젊은 세대에게 "대체 너희는 왜 그래?"라고 묻지만, 이 친구들은 반대로 "대체 왜 그게 당연한 건가요? 우리가 왜 그래야 하는 거죠?"라고 묻고 있어요.

생각해보면 앞선 질문에 대한 답은 수없이 쏟아지고 있습니다. 젊은 세대에 관한 책, 방송, 논문, 보고서는 많잖아요. 그중에는 옳은 말도 있고 틀린 말도 있겠지만 어쨌든 여기저기에서 답을 찾아서 내놓고 있어요. 살펴보면 이 친구들을 이해할 수 있는 여지도 생깁니다. 그와 동시에 우리는 이 세대를 이해하려고 이토록 노력하는데, 이 친구들은 왜 아무런 노력도 하지 않는 거야? 하며 불만스러워하기도 하죠. 하지만 과연 우리는 젊은 세대의 물음에 제대로 답하고 있는 걸까요? "대체 왜 그게 당연한 거죠?"라는 질문에

"아니, 지금까지 이렇게 해왔는데 뭐가 문제야?"라는 태도로 일관하고 있는 건 아닐까요? 이게 지금까지 해온 방식이니까 그냥 해, 나 때는 말이야,라는 식으로 답하고 있는 것은 아닐까요? 하지만 그런 식으로는 누구도 설득할 수 없잖아요. 그 누구의 마음도 움직일 수 없고요.

물론 여태 의문을 가지지 않았던 것들을 돌아보고 답을 찾아서 해야 하는 상황이 달갑지 않을 수 있습니다. 당황스럽고 피곤할 수 있어요. 하지만 과거에는 군이 다시 생각해보지 않아도, 답을 찾지 않아도 흘러갈 수 있었는지 모르지만 이제는 아닙니다. 지금까지 써왔던 방정식 중에서 앞으로도 필요한 수식이 있다면 왜 그 수식을 계속 써야 하는지 설명할 수 있어야 합니다. 그게 아니라 쓰던 방정식을 바꿔야 한다는 판단이 섰다면, 과감히 바꿔야 합니다. 지금은 제대로 다시 돌아보고 분명한 답을 찾아서 해야 하는 때입니다.

부록 2

조직 문화, 조직 생활에 관한 Q&A

20~40대 독자분들이 조직 문화, 조직 생활에 관해
박웅현 소장님에게 건넨 질문과 그에 대한 답입니다.

Q. 개인이 회사 생활을 하면서 얻는 것은 무엇이라고 정의하
시나요?

A. 우리는 회사 생활하면서 노동을 지불하고 생활을 가능
하게 해주는 비용을 얻죠. 저는 그게 7~8할이라고 생각하
고 이것을 직시해야 한다고 봅니다. 그다음으로 자기 성장,
보람, 경험이 있겠죠. 보람이라는 건, 제 경우를 예로 들면
저는 광고인이니까 누군가가 제가 만든 광고물을 보고 제
품을 구매할 때 보람을 느껴요. 지금은 조직 문화를 바꿔나

가는 작업을 하는 만큼 저희가 프로젝트를 진행한 뒤에 실제로 기업의 분위기가 바뀌고 그 조직의 구성원들로부터 긍정적인 반응을 얻을 때 보람을 느끼고요.

경험은 무엇인가 하면, 개인의 역량으로는 할 수 없는 일을 회사에서 할 수 있다는 것이죠. 나 혼자 화장품 개발을 할 수 있을까요? 몇억이 들어가는 광고를 찍을 수 있을까요? 몇백억이 투자되는 프로젝트를 진행해볼 수 있을까요? 수십억을 들여서 전 국민에게 어떤 메시지를 보내는 일, 혼자서 가능할까요? 물론 요즘같이 개인이 미디어인 시대는 다르다고 생각할 수도 있겠지만 가능한 비용의 규모가 달라요. 돈의 문제를 넘어서서 각 분야의 전문가들과 일할 수 있다는 점도 간과할 수 없고요.

이렇게 회사에서 일하면서 학교에서는 배울 수 없는 것들을 배워나가죠. 단, 경험이 곧 성장인가 하는 질문도 있을 수 있는데 이 둘은 같다고 보진 않아요. 경험을 통해서 자기 성장을 이뤄낼 수도 있지만 아닐 수도 있어요. 같은 경험을 하더라도 누군가는 자기 것으로 만들지만 누군가는 흘려보내기도 하니까요. 또 어떤 경험은 누군가에게는 도움이 되지만 누군가에게는 아니기도 하고요. 둘 사이에는 조금 차이가 있다고 봅니다. 어쨌든 회사 생활을 통해서 얻을 수 있는 것은 삶을 위한 비용, 보람과 경험, 그리고 자기 성장이라고 생각해요.

Q. 많은 책에서 일명, '꼰대 문화'를 없애는 것이 조직 문화에서 중요하다고 말하는데요. 이를테면 MZ 세대를 조직에 잘 융화시켜야 한다고 이야기합니다. 하지만 20대인 저는 회사에 따라서 직급 간의 목소리에 차이는 있어야 한다고 생각해요. 사실 MZ라고 해서 무작정 '내 의견을 들어줘'라는 것은 아니라고 보고요. 직장 내에서 MZ와 X세대가 융화되는 게 좋은 걸까요? 그래야 한다면 어떻게 융화될 수 있을까요?

A. 우선 조직 생활에 융화는 필수라고 생각합니다. 융화하지 않으면 안 되죠. 여러 사람이 섞여서 하나의 프로젝트를 진행하거나 공동의 문제를 해결해야 하니까요. 이걸 동료들끼리만 한다면 일종의 서클 활동에 지나지 않을 겁니다. 하지만 회사는 다르죠. 화이부동和而不同, '서로 조화를 이루지만 같아지지는 않는다'라는 의미에요. 우리는 다 다르지만 어울릴 줄 알아야 한다는 말입니다. 제가 좋아하는 말인데 직장에서는 이게 필요하다고 생각합니다. 상사나 동료, 후배와 똑같아질 필요가 없어요. 완벽한 사람은 없죠. 서로 부족한 부분이 있어요. 직장에서 만난 사람들은 서로 그 부족한 부분을 채워주면 돼요.

최근에 받은 판화가 이철수 선생님의 책에 작품이 하나 실려있는데요. 〈함께 사는 건〉이라는 작품인데, 호리병 하나에서 물이 흘러 다른 호리병으로 들어가는 판화에, "함께 사는 건 이렇게 흘리면 받고 받아 고이게 하는 두 그

룻"이라는 글귀가 새겨져 있어요. 조직 생활이 이것과 같다고 생각해요. 윗세대가 답은 아니에요. 젊은 세대라고 해서 다 잘하고 잘 아는 것도 아니고요. 연륜은 무시할 수 없죠. 서로의 강점이 달라요. 그래서 서로가 서로에게 흘러들어가야 하는 거예요. 젊은 사람들은 윗세대가 알지 못하는 것들을 알려주고, 윗세대는 연륜을 발휘해야 하죠.

무엇보다 젊은 세대든 윗세대든 서로를 대척점에 둬서는 안 될 것 같아요. 그렇게 두면 조직 생활 자체가 불가능하다고 생각해요. 잘 들여다보면 서로가 서로에게 분명히 필요한 부분, 도움이 되는 부분이 있어요. 다시 말씀드리지만 화이부동입니다. 상대가 누구든 나와 같지 않아도 어울릴 수 있어요.

Q. 조직 문화는 브랜드 아이덴티티처럼 하나의 성격을 오래 유지하는 개념일까요? 아니면 지속해서 변해가야 하는 걸

까요?

A. 조직 문화는 브랜드 아이덴티티처럼 콘셉트 개념은 아니라고 봅니다. 앞에서 말씀드린 것처럼 분위기라고 봐요. 일하고 싶은 분위기. 아이덴티티라는 것은 업태에 따라서, 그 업계 내에서 조직이 어떤 위치에 있느냐에 따라서 달라질 수 있고, 명확하고 날이 서 있어야 하죠. 하지만 조직 문화는 어떤 상황에 있든, 어느 조직에든 다 필요한 것이라고 봐요. 각을 세워야 하는 것도 아니고요. 조직 문화라는 것은 보편 가치를 이야기하고 있는 것이거든요. 계속 변해나가야 하고요.

조직의 일은 하면 티가 나고, 하지 않으면 티가 나지 않죠. 일하고 성과가 나오면 눈에 띄고 그에 대한 보상이 따르잖아요. 하지만 조직 문화는 그 반대예요. 살림과 비슷해요. 집안 살림은 하는 건 티가 나지 않지만 안 하면 티가 나잖아요? 게다가 지속해서 해야 하고요. 하다가 중도에 그

만두면 바로 집이 엉망이 되죠. 조직 문화가 그런 것 같아요. 지치지 말고 포기하지 말고 반복적으로, 지속해서 해나가야 하는 일, 신경 써야 하는 일이라고 생각합니다.

Q. 조직 문화가 궁극적으로 바꿀 수 있는 게 뭘까요?

A. 짧게 말하면 '출근하는 발걸음'이죠. 아까 말씀드렸죠? 회사 생활하면서 얻는 것 중 가장 큰 부분을 차지하는 것, 중요한 것은 월급이라고요. 세상에 공짜 없죠. 놀이동산에 놀러 가는 것처럼, 여행하는 것처럼 일하고 월급을 받을 수는 없어요. 일하는 건 다 힘들어요. 출근하기 싫은 것은 모든 직장인이 다 똑같고요. 풀어야 할 문제가 있고, 싫은 사람과의 미팅이나 회의도 있고, 괴로운 고객을 응대해야 하는 일, 다 있죠. 무슨 일을 하든지요. 그런 일 자체를 없앨 수는 없어요. 그로 인한 스트레스도 마찬가지고요. 다만 그 일을 하러 출근하는 발걸음은 좀 더 가볍게 만들 수 있어

요. 그게 조직 문화라고 생각해요.

인간은 유기체라고 말씀드렸었는데요. 힘든 고객 때문에 받는 스트레스가 100이라고 할 때 3만큼의 좋은 일이 있다고 해서 스트레스가 97이 되는 게 아니잖아요? 반대로 회사 분위기가 좋고, 동료들과 웃는 일이 많은 조직이라면, 좋은 순간이 3 정도의 별것 아닌 일이라고 해도 스트레스가 50으로 떨어질 수 있죠. 이전에는 견딜 수 없는 일이 팀 분위기에 따라서, 회사 분위기에 따라서 '힘들지만 이 정도쯤은'이라고 여기고 웃어넘길 수도 있다는 거예요.

문제가 생겼을 때 부정적인 말을 쌓아가며 전체 분위기를 가라앉게 하는 팀이 있고, 긍정적인 기운으로 밀어 올리는 팀이 있을 수 있어요. 어느 쪽이 일하는 데 힘이 날까요? 어느 팀에서 일하고 싶을까요? 사소하게 생각해보면 그런 것이에요. 똑같이 일하러 출근하는 데 좀 더 가벼운 발걸음으로 할 수 있게 하는 일, 그게 조직 문화라고 생각해요.

Q. 직장 생활을 10년 차 이상 해보니, 회사의 복지 수준이 예전에 비해 높아졌는데요. 회사에서는 '이만큼이나 해주고 있다'고 생각하지만 어떤 직원들은 지금의 복지 수준을 당연하게 여기거나 불만족스럽게 여기기도 합니다. 그뿐만 아니라 사내 복지 수준이 조직 문화를 판단하는 기준이 되기도 하는데, 이 둘을 동일선상에 놓고 볼 수 있는 것인지, 사내 복지에 대한 회사와 직원의 인식 차이는 어떻게 좁힐 수 있을지 궁금합니다.

A. 복지는 조직 문화의 부분 집합이라고 봅니다. 앞서 말씀드린 대로 제가 말하는 조직 문화는 똑같은 월급을 받고 같은 장소에서 같은 일을 하는 사람들이 얼마나 가벼운 발걸음으로 출근하고 있는가에 닿아 있습니다. 그러니 복지는 조직 문화의 한 부분이라고 봅니다. 단순히 복지 수준이

높다고 해서 조직 문화가 좋다고 할 수는 없어요. 다른 것들과 총체적으로 엮여 있죠.

그 뒤에 말씀하신 사내 복지에 대한 인식 차이는 '무엇'이 아닌 '어떻게'의 문제라고 봅니다. '회사의 복지를 구성원들에게 어떻게 전달할 것이냐'라는 것이죠. 예를 들어 어떤 회사가 해외에서 열리는 컨벤션 같은 행사에 직원을 보내요. 그런데 보내주면서 그 직원에게 '회사가 몇백만 원을 들여서 보내주는 것이니 행사 참석 후 리포트를 내고, 매일 아침 9시에 만나서 함께 식사하면서 뭘 볼 것인지 정하자'라고 해요. 그럼 과연 그 직원이 회사가 고마울까요? 회사에서 보내준다고 해도 싫다고 할지도 몰라요. 이건 돈을 들이고 욕먹는 제일 좋은 방법이에요. 어떻게 해야 직원들이 이런 행사를 경험하고 돌아와서 회사에 대한 애사심이 확 올라갈지를 생각해봐야 합니다.

TBWA KOREA에서는 태국에서 열리는 '애드페스트

ADFEST'라는 광고제에 매년 참석하는데요. 여기 다녀오면 모두 애사심이 높아져요. 회사에서 등록해주고 좋은 호텔도 예약해주고 현지에서 쓸 비용도 새 돈으로 지급하죠. 숙소 침대 위에 회사에서 보낸 메시지와 현금 봉투를 딱 준비해놔요. 세미나를 진행하긴 하지만 오후 1시부터 6시까지 진행하고 오전과 저녁은 자유시간이에요. 그리고 이 세미나에서 처음 하는 이야기가 "이 세미나의 목적은 보상의 의미도 분명하다. 여러분들 너무 고생했다. 이곳에서의 경험이 자극이 될 거다. 우리 배워나가자. 그리고 많이 웃자" 이거예요. 이런 취지로 세미나를 진행하죠. 그래서 여기 다녀오고 나면 모두 애사심이 잔뜩 생겨서 회사에 대해 애정 어린 이야기를 많이들 해요.

저는 그래서 복지는 '무엇'을 구성원에게 제공하고 있는가도 중요하지만 '어떻게' 전달할 것인가가 더 중요하다고 봐요. 그리고 여기에 더해서 '회사가 이런 것 해주니까

좋지?'라는 식으로 생색내는 것도 오히려 역효과를 낸다고
봅니다. 회사도 좀 무심한 듯 세련된 태도를 보이면 좋을
것 같아요. "이런 걸 준비했는데 좋아할지 모르겠어"까지
만 하는 거죠.

　머리가 아니라 가슴이고 팩트가 아니라 분위기라고 말
씀드렸잖아요? 구성원에게 감정 이입을 해보고, 어떤 맥락
에서 어떤 의미를 부여하면서 전달할지 고민해봐야 해요.
이것이 중요하다고 말씀드리고 싶어요.

Q. 현재 많은 기업을 보면 미션이 두루뭉술하거나 제대로 정
의되어 있지 않습니다. 그래서 조직모델이나 사업전략도 제
대로 서지 않는 것 같고요. 미션을 잘 잡기 위한 요건이 있다
면 무엇일까요?

A. 미션, 경영 이념이나 행동 강령 같은 것이 장황하게 나
열되어 있을 가능성이 크죠. 들여다보면 분명히 좋은 말의

집합일 거예요. 그걸 먼저 단순화시켜야 합니다. 현상은 복잡하고 본질은 단순하다고 하죠. 그 회사가 가지고 있는 경영 이념이나 행동 강령을 쭉 펼쳐두고 광고 콘셉트를 뽑아내듯이 뽑아내는 거예요. 그 회사가 가지고 있는 철학을 정리하는 과정이 필요합니다. 발명이 아니라 '발견'해야 하는 일이고요. 그렇게 정리된 철학을 직원들의 가슴에 닿을 수 있도록 문학화하는 과정이 필요하고요.

Q. 팀 내에서 개인주의를 가장한 이기주의를 어떻게 구분하고 조직의 일원으로서 또는 매니저로서 이를 어떻게 받아들이고 대처하는 것이 현명할까요?

A. 리더의 궁극은 포용이라고 생각합니다. 그래서 그 사람을 긍정적인 시선으로 봐주는 게 우선 같아요. 질문하신 분의 말을 들여다보면, '개인주의'를 부정적으로 보는 건 아니잖아요? 저라면 그 사람을 먼저 봐주고, 개인주의적이라

고 여겼던 부분이 반복돼서 '이기주의'라고 판단되면 나만 그렇게 느끼는 것인지, 아니면 다른 구성원들도 그렇게 느끼는 것인지 살펴볼 것 같아요. 만약 진짜 그 사람이 조직 내에서 이기적인 태도로 일하고 있다면 다른 사람들도 알 거예요. 분명히 표현할 거고요.

제 경험을 비춰보면, 어떤 사람이 이기적이라고 생각되는데 저 혼자 그렇게 느끼는 것 같다면 일단은 그 생각을 잡아둡니다. 그런데 여기저기에서 저와 비슷한 반응을 보인다면 그때는 그 사람이 스스로 느낄 수 있도록 해주려고 해요. 가령 "이건 팀의 일이니까 다 같이 해야 하지 않을까?" "A는 △△가 담당하고 B는 ◇◇가 맡는데 C까지 두 사람이 하기에는 무리이니 이 일은 □□씨가 팀원으로서 맡아주면 좋지 않을까?" 이렇게 분위기를 만들어줘요. 그런데도 상대의 태도가 바뀌지 않는다면 그때는 일대일로 만나서 좀 더 구체적으로 이야기하죠.

다만 이 단계는 반드시 앞에서 이야기한 것처럼 우선은 긍정적으로 봐주고, 나만의 느낌인지 확인하고, 스스로 자각할 기회를 만들어준 다음이에요. 여기까지 해보지 않고 무조건 "넌 왜 그렇게 이기적이니?"라는 식으로, 상대를 미필적 고의의 대상으로 보면 이 사람은 자기를 돌아보기보다 '아, 이 사람은, 팀장은 나를 싫어하는구나'라고 생각하고 마음을 닫을 가능성이 크죠. 달라질 가능성이 사라져요. 그래서 윗사람이라면 상대를 들여다보고 그 사람의 물살이 좋은 쪽으로 흐를 수 있도록, 긍정적인 부분을 끌어낼 수 있도록 해줘야 한다고 봐요.

Q. 조직 내 분위기가 조화로운 것도 중요하지만 구성원이 퇴사할 때의 분위기도 중요하다고 생각해요. 사람을 어떻게 내보내는지가 그 조직의 진짜 모습이라고 느낀다고 동료들과 이야기하곤 했거든요. 조직에서는 구성원과 헤어질 때 어떻게

하는 게 긍정적이라고 보시나요?

A. 맞습니다. 이게 굉장히 중요합니다. 사람의 긍정성을 어떻게 끌어낼 것인가가 중요하다고 말씀드렸었는데요. 오래전에 팀장급 직원 한 사람이 제 역할을 못 해서 팀원들이 힘들어했던 일이 있었어요. 광고 회사 특성상 주도적으로 일하는 사람들이 많아요. 그런 팀원들과 달리 이 사람은 지시받은 일을 잘 해내는 성향이었죠. 그러니 부딪칠 수밖에 없어요. 앞에서 말씀드린 것처럼 그 당시 저는 상사로서 이 사람의 장점을 끌어내고 자기 몫을 하도록 최선을 다해서 애를 썼어요. 기다려주기도 했고요. 하지만 성향상 바뀌지 않는 부분이 있어요. 그래서 최종적으로 만나서 이야기했어요. 당신의 성향이 이 팀과는 잘 맞지 않는 것 같은데 팀장으로서 필요한 역량을 키우거나 아니면 본인의 장점을 잘 살릴 수 있는 쪽을 고민해보면 좋겠다고요. 실제로 그 사람은 본인에게 잘 맞는 곳으로 이직해 갔고, 자기

강점을 살려서 일하고 있어요.

이런 상황이 없으면 좋겠지만 조직 생활을 하다 보면 피할 수 없죠. 하지만 고민해요. 상대가 떠날 때 "박웅현 팀은 정말 최악이야"라거나 "TBWA는 진짜 아니었어"라는 부정적인 생각이 들지 않도록 애쓰죠. 윗사람으로서 팀, 본부, 회사 전체를 두고 고민하지만 그 한 사람의 처지에서도 생각해봅니다. 기분 좋을 수 있는 화제는 아니지만 어떻게 이야기하는 것이 서로에 대한 존중이 느껴질 수 있을지 숙고합니다.

혹은 구성원이 퇴사 의사를 밝히는 일도 있죠. 그런 경우에는 최선을 다해서 설득해보고, 그런데도 상대의 의사가 바뀌지 않는다면 존중해요. 그리고 이 이야기를 꼭 합니다. 나는 이 조직에 남아서 남았다는 것이 옳다는 걸 최선을 다해서 입증할 테니 너는 이곳을 떠나서 떠난 것이 옳다는 걸 최선을 다해서 입증해달라고요. 비슷한 맥락으로 새로 경력직이나 신입으로 사람이 오면 제가 제일 자주 하는 말이 "좋은 회사에 오셨습니다. 더 좋은 회사로 만들어주세요"입니다.

저희는 오래전부터 신입사원 면접 후 면접에서 탈락한 사람들에게 회사 메일을 보낼 때 이런 이야기를 써서 보냅니다. 고민 끝에 ○○○ 님을 뽑지 못하게 됐지만 부디 우리 선택이 틀렸다는 걸 ○○○ 님이 입증해주기를 바란다고요. 이건 제가 유학을 결정하고 '유펜University of Pennsylvania'에서 떨어졌을 때 받은 메일 내용이었어요. 그런데 그 메일 내용이 굉장히 멋지더라고요. 그걸 벤치마킹한 거죠. 이런 메일을 받으면 결과가 탈락이어도 열패감이나 실패감보다 꿈틀, 하는 동력이 생겨요.

어쨌든 가능한 한 떠나는 사람들이 자신이 몸담았던 이 회사를 생각할 때, 비록 나는 떠나지만 이 회사가 앞으로도 잘 됐으면 좋겠다고 느낄 수 있게끔 하려고 해요.

Q. 관리직에서의 중간관리자 역할을 어떻게 해야 할지 고민입니다. 대표는 대게 귀를 닫고 있고 대표의 의견을 다 따르기에는 저조차도 동의되지 않는 경우가 많습니다. 부하직원들과의 마찰도 불가피하고요. 적절한 선을 찾는 게 너무 어렵습니다.

A. 이거 참 어렵죠. 저도 예전에 윗사람의 지시가 동의 되지 않는 경우가 정말 많았어요. 한 예로 오래전에는 회사에서 체육대회를 하곤 했고, 그 당시 군에서나 할 법한 체력훈련을 시키는 상사가 있었어요. 좀처럼 이해할 수 없었죠. 광고 회사에서 할 법한 일은 아니잖아요? 이런 일들이 그때는 어느 회사든 정말 많았어요. 저는 그런 일이 있을 때 버틸 수 있는 만큼 버텼어요. 그래서 정말 욕을 많이 먹었죠. 미움도 많이 받았고 인사팀에 불려가기도 했고요. 어쩔 수 없어요. 따르고 싶지 않은 지시를 따르지 않는 대가로 욕먹는 건 감당해야 해요. 그 대신 그런 업무 외적인 일들

로 나를 좌지우지 할 수 없을 만큼의 퍼포먼스는 보여줘야 해요. 아무리 감정적으로 내가 미워도 박웅현은 회사에 꼭 필요한 사람이라는 걸 보여줘야 하죠. 돌아보면 그래서 더 최선을 뽑아내려고 노력했고 그렇게 일했던 것 같아요. 만약 그 시절에 그런 성과를 보이지 못했다면 저는 광고업으로부터 자발적으로 떠났을 거예요.

중간관리자라면 이런 일도 있죠. 내 윗사람이 내 팀원과 마찰이 있는 경우요. 그런 상황이라면 철저히 팀원을 위한 방패가 되어줘야 해요. 방금 말씀드린 체력 훈련은 저만 싫었을 리 없어요. 팀원들도 싫어했죠. 그래서 그 당시 그 행사가 있을 때마다 어떻게든 팀에 일을 만들어서 행사에 참석하지 않았어요. 또 한 번은 팀원 한 명이 동의하기 어려운 회사의 지시를 따르지 않겠다고 반발한 적이 있어요. 그러자 인사팀에서 불이익을 운운하더군요. 하지만 저는 후배의 생각이 이해됐기 때문에 따로 인사팀 담당자를 만나 이야기했어요. 불이익을 줄 거면 팀장인 나부터 불이익을 줘야 할 거라고요. 일련의 예이지만 중간관리자라면 어떤 상황에서든 아랫사람의 방패가 되어줘야 한다고 생각해요.

Q. '로마에 가면 로마법을 따르라'라는 말이 있는데요. 직장에 가면 그 직장만의 법을 무조건 따라야 하는 건가요? 잘못된 부분을 바꿔 가는 방법이 있을까요?

A. 로마에 가면 로마법이 있다는 것은 전체 분위기가 있다는 이야기죠. 내가 바꿀 수 있는 위치라면 바꾸겠지만 그게 아닌데 바꾸려고 하면 나만 다치게 돼요. 왜 너만 튀느냐고 지적받을 수 있어요. 그래서 제가 '동심원' 이야기를 한 겁니다. 전체는 바꿀 수 없지만 내가 영향을 미칠 수 있는 범위 안에서 바꾼다는 거죠. 처음엔 세 명으로, 그러다가 여섯 명, 여덟 명으로, 열다섯 명으로, 이런 식으로 넓혀가는 거예요. 사람은 진심으로 동의하게 되면 바뀌어요. 그렇게

범위가 커졌던 것이 지금 저희 회사예요. 제 팀원이었던 친구들이 팀장이 됐고, 자기 팀을 또 그렇게 꾸려가고 분위기를 바꿔가고 있어요. "너희 팀은 공립학교 속 사립학교 같아"라는 이야기를 많이 들었다고 말씀드렸었는데요. 그런 사립학교 같은 팀이 예전에는 저희 팀 하나였지만 지금은 여러 팀이 된 거죠. 그렇게 전체 분위기가 바뀌는 겁니다.

해적의 시대를 건너는 법

ⓒ 박웅현 2023

초판 1쇄 발행 2023년 11월 6일
초판 2쇄 발행 2023년 11월 27일

지은이 박웅현
펴낸이 김수진
펴낸곳 (주)인티앤

출판등록 2022년 4월 14일 제2022-000051호
이메일 editor@intiand.com

편집 김수진
디자인 studio CoCo
제작 세걸음

ISBN 979-11-979770-8-4 03100